"中国劳模"系列丛书

U0669984

中国劳模

数控车床的技术楷模

祁 峰

刘天权◎著

吉林出版集团股份有限公司
全国百佳图书出版单位

图书在版编目（CIP）数据

数控车床的技术楷模：祁峰 / 刘天权著. -- 长春：
吉林出版集团股份有限公司, 2025.6. --（"中国劳模
"系列丛书 / 徐强主编). -- ISBN 978-7-5731-6134-5

Ⅰ. K826.16

中国国家版本馆CIP数据核字第2025WJ6788号

SHUKONG CHECHUANG DE JISHU KAIMO: QI FENG

数控车床的技术楷模：祁峰

出 版 人	于　强
主　　编	徐　强
著　者	刘天权
组稿统筹	东北师范大学文学院创意写作研究中心
责任编辑	王丽媛
助理编辑	张碧芮
装帧设计	张红霞

出　　版	吉林出版集团股份有限公司
发　行	吉林出版集团社科图书有限公司
地　址	吉林省长春市南关区福祉大路5788号　邮编：130118
印　刷	唐山富达印务有限公司
电　话	0431-81629711（总编办）
抖 音 号	吉林出版集团社科图书有限公司　37009026326

开　　本	710 mm×1000 mm　1 / 16
印　张	9
字　数	90 千字
版　次	2025 年 6 月第 1 版
印　次	2025 年 6 月第 1 次印刷

书　号	ISBN 978-7-5731-6134-5
定　价	55.00 元

如有印装质量问题，请与市场营销中心联系调换。0431-81629729

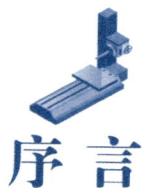

序 言

　　劳动创造财富，劳动创造幸福，劳动创造未来。习近平总书记在2020年全国劳动模范和先进工作者表彰大会上的讲话中指出："全社会要崇尚劳动、见贤思齐，加大对劳动模范和先进工作者的宣传力度，讲好劳模故事、讲好劳动故事、讲好工匠故事，弘扬劳动最光荣、劳动最崇高、劳动最伟大、劳动最美丽的社会风尚。"当今世界，综合国力的竞争归根到底是科技人才和高素质劳动者的竞争。改革开放以来，我们强大的工人队伍用辛勤的劳动和拼搏奉献的精神推动中国制造、中国智造、中国创造走向世界的前列，新时代的中国面貌日新月异。大力弘扬劳模精神、劳动精神、工匠精神，加强高素质技能人才队伍建设，打造一支宏大的知识型、技能型、创新型劳动者队伍，是伟大时代赋予我们的历史责任。

　　劳动模范是民族的精英、人民的楷模，是共和国的功臣。自改革开放以来，广大职工勇立改革潮头，独立自主，奋发图强，勇于创新，其中涌现出一批批全国劳模和大国工匠。他们参与建设了代表中国高度、中国速度、中国深度的一系列重大工程，提升了国家实力，打造了"中国名片"，树立了"中国品牌"，增添了"中国力量"，充分释放出工人阶级的创新活力，展示出大国工匠的强大创造力。他们以工人阶级的满腔热忱在各自平凡的工作岗位上取得了辉煌的成绩，书写了新时代的壮丽篇章。

爱岗敬业、争创一流、艰苦奋斗、勇于创新、淡泊名利、甘于奉献的劳模精神，崇尚劳动、热爱劳动、辛勤劳动、诚实劳动的劳动精神和执着专注、精益求精、一丝不苟、追求卓越的工匠精神，是广大劳动群众在社会生产实践中锤炼形成的弥足珍贵的精神财富，是工人阶级伟大品格的具体体现，是民族精神和时代精神的生动诠释。民族复兴需要劳动模范，祖国强盛需要大国工匠，中国制造、中国智造、中国创造更需要大国工匠的强有力支撑。劳模、工匠等的成长故事、先进事迹中承载的劳模精神、劳动精神和工匠精神，是激励全国各族人民团结奋斗、勇往直前的强大精神力量。

"中国劳模"系列丛书，采用图文结合的方式，讲述全国劳模、大国工匠和先进工作者们的成长经历及他们追梦、筑梦、圆梦的故事，用他们在平凡岗位上创造不平凡业绩的真实故事感染读者，推动形成劳动最光荣、劳动最崇高、劳动最伟大、劳动最美丽的社会风尚，引导广大技术工人和青少年形成劳动光荣、技能宝贵、创造伟大的观念。

"匠心筑梦，强国有我。"新时代是一个万象更新、生机勃勃的时代，也是一个继往开来、创新创业和建功立业的大时代。希望广大读者能以劳动模范为榜样，以大国工匠为楷模，立志技能报国、技术强国、踔厉奋发，勇毅前行，锤炼思想品格，汲取劳动智慧，勇于担当、勤于钻研、甘于奉献，为推进新型工业化和乡村振兴，为加快建设制造强国、质量强国、航天强国、交通强国、网络强国、数字中国、农业强国，全面建设社会主义现代化国家贡献青春力量。

中华全国总工会副主席（兼）

中国航天科技集团有限公司第一研究院

211厂14车间高凤林班组组长

2022年11月

传主简介

　　祁峰，1978年3月出生，中共党员，现任中煤张家口煤矿机械有限责任公司涂装分厂副厂长，特级技师。河北省第十三届、第十四届人民代表大会代表，中国共产党第十九次全国代表大会代表。2015年被评为全国劳动模范，享受国务院政府特殊津贴。

　　祁峰出生在张家口市宣化区一个叫西泡沙的小村子，父母要养活两个孩子，家庭条件艰苦，这在无形之中使祁峰养成了吃苦耐劳的精神。祁峰的父亲是村子里有名的赤脚医生，师从张家口市名医，多年来在村里给人看病开药，受到了大家的一致好评。祁峰小时候经常随父亲出诊，见到了人间疾苦，也感受到了父亲的善良和帮助他人时的快乐。祁峰的母亲负责家里的大事小情，母亲的勤劳和温柔也深深影响了祁峰。

　　上学期间，祁峰免不了调皮捣蛋，好在有老师谆谆教诲，让祁峰明白了学习的重要性，也逐渐让他变得沉稳起来。初中毕业时，祁峰以三分之差与中师失之交臂，最终在权衡后上了技校。在技校上学时，祁峰努力学习、踏实肯干，他知道，只有把技术学到手，未来才能有好的出路。最终，祁峰以优异的成绩从技校毕业，进入张家口煤矿机械厂工作。祁峰始终感谢技校对他的培养，让他打下了坚实的技术基础，使他参加工作后可以从容不迫、游刃有余。

参加工作之后，祁峰跟随多位师傅学习，并在师傅们的帮助下，努力钻研理论知识和实际操作，在多个大赛中取得名次。通过比赛，祁峰逐步成为车工高级工、技师、高级技师。

在精进技术的道路上，祁峰始终不甘人后，2006年开始，祁峰通过自学和学校教育等方式学习数控车床技术，这为他日后解决技术难题和发明创新打下了坚实的基础。除此之外，祁峰在思想上也积极要求进步，于2009年光荣地加入了中国共产党。

祁峰连续多年被公司评为"优秀技师"，先后完成多项技术革新。由他领衔的国家级技能大师创新工作室，先后完成技术改进项目40余项，实现经济效益500多万元。工作室先后涌现全国技术能手1名，河北省突出贡献技师2名，河北省技术能手3名。

目 录

引 子

2017年10月18日，北京人民大会堂。

中国共产党第十九次全国代表大会即将开幕。三十九岁的祁峰端坐在会场里，一本十六开黑色笔记本放在桌子上，四周一片肃静。他低头扫视了一下自己的衣服，抚平袖口轻微的褶皱，双手握住西装的下摆向下抻了抻，见衣服整洁干净，祁峰紧张的心情才得以稍稍放松。他想起前阵子，时任中国中煤能源集团有限公司党委书记、董事长李延江专程到公司来，亲切地握着他的手说："你一定要履行好代表的职责，向党中央传达工人群体拥护党的心声，在全国的代表面前展现咱们工人的风采！"祁峰心里百感交集，紧紧握住李延江书记的手说："您放心，我一定向党中央反映一线工人的声音，将党的十九大精神带回来！"

乐曲响起，祁峰的心脏随着音乐节拍跳动，他热血沸腾。大会上，习近平总书记在作报告时提出："建设知识型、技能型、创新型劳动者大军，弘扬劳模精神和工匠精神，营造劳动光荣的社会风尚和精益求精的敬业风气。"听到这儿，祁峰的眼眶有些湿润。他想，自己这个在小山村里长大的孩子，如今居然坐在庄严的会场里聆听着总书记的声音，这一切如梦似幻。从山村里的孩子，到车床工人，到全国劳动模范，再到党的十九大代表，他经历了太多自己从前想都不敢想的事儿，他一点点地变成熟。祁峰想，总书记说的"知识型、技能型、创新型"的劳动者不就是自己一直努力的方向吗？响应国家的号召学习文化，响应国家的号召努力创新，兢兢业业、刻苦工作……此时此刻，他真正明白了劳动的意义和价值。劳动不是为了一己私利，不是为了金钱地位，而是为了让更多的人吃饱穿暖，是为了让国家更加富强，更是为了实现中华民族伟大复兴！

党的十九大胜利闭幕后，祁峰感觉自己的思想境界得到了提升，对未来的工作重点和工作方向有了新的想法和规划。他有许多想法要付诸实践，但最主要的任务是赶快回去，把党的十九大精神带回河北、带回张家口、带回企业、带回车间、带回班组！在单位领导的支持和安排下，祁峰整理了会议内容和会议精神，2017年10月26日至12月31日期间，近到自己的工作岗位，远到乌鲁木齐，祁峰宣讲党的十九大精神30余场次。在这个过程中，祁峰对党有了更深刻的认识，对党的十九大精神也常学常新。

祁峰心里久久不能平静，这段时间带给他的变化实在是太大了，想着想着，他的思绪回到了童年……

⊙ 2017年10月，祁峰在北京人民大会堂参加中国共产党第十九次全国
代表大会时留影

⊙ 2017年10月，祁峰参加第十七届中国国际煤炭采矿技术交流及设备展览会时留影

第一章　快乐童年，刻苦读书

扫码解锁

◎群英颂歌◎责任担当
◎磨砺技术◎奋斗底色

西泡沙村的日子

在张家口市宣化区东北部有两座巍峨的大山，云彩常常挂在山尖儿上，好像永远都不会落下来，山间夹出一块小小的盆地，西泡沙村就坐落在盆地的西侧。这片土地养育了西泡沙村的一代又一代人。祁峰是在西泡沙村这个远离城区的山中乡村里长大的，他熟悉这里的一草一木。小小年纪就喜欢思考的祁峰常常想，山是这样的雄伟，那海又是什么样子的呢？

祁峰没有见过现实中的海，只见过书中的海。书中的海是蓝色的，海边的沙滩上还散落着五角的海星和亮晶晶的贝壳。听老师说，由于风不断地吹拂着大海，海边会有此起彼伏的波浪，见过的人无不惊叹浪花的美丽。祁峰没见过海，他到镇上的机会都寥寥无几。他只能翻看书上的插图，幻想着海风拂面、浪花翻滚的场景。

直到有一天，他看着院墙外的山发呆，山脉的走势平缓，并非棱角分明，两座山连绵不断，直至交接在一起。祁峰的小脑袋里猛然有了一幅动态画面，那些山尖儿排列在一起，就像是一朵朵凝固的浪花，柔和的山脉顷刻间动了起来，像是老师口中的海浪一般此起彼伏。

"山海，我们生活在一片山海里。"祁峰自言自语道。父亲听到后说："你这么一说，这交接在一起的山脉确实看着像浪花。"父亲是村里的赤脚医生，他也没有去过海边。听家里亲戚说，祁峰还有个哥哥，但哥哥在祁峰出生不久后的一次意外中被烫伤了，父亲心急如焚，一边抹眼泪一边说要带哥哥去最好的城市、最好的医院治病。可家里刚刚迎来了新生命，已经没有多余的钱再支付高昂的医药费了。

最终，哥哥还是离开了这个世界。因为有哥哥的前车之鉴，父母对祁峰和妹妹格外疼爱，照顾得极其小心，生怕孩子再出现什么意外，他们再也经受不起那样的重创了。西泡沙村有三百多户人家，总人口有一千人左右。母亲是家庭主妇，所以年幼的祁峰和妹妹不用干活儿，在上学前，祁峰唯一的任务就是偶尔照看一下妹妹，当然，母亲不放心，所以大多数情况下还是她一个人照看两个孩子。祁峰小时候与外界沟通的唯一纽带，就只有做赤脚医生的父亲了。

祁峰眼中的父亲

　　父亲是个勤劳朴实的农民，村里人对他的印象很好。天刚蒙蒙亮，父亲起床后从炕上下地穿鞋的时候，会用两只脚跟拉着鞋，防止胶皮鞋踩在砖地上发出声音。直到来到屋前的院子里，父亲才把鞋穿好，去地里耕作。尽管父亲会尽量不发出声响，但是祁峰总能在半梦半醒中听见父亲起床的声音——很轻。祁峰曾经问父亲为什么要轻手轻脚的，父亲说："小娃娃要睡好，不然长不了高个子哩。"

　　时间一分一秒地过着，早饭做熟时父亲就会回来，他将锄头往院墙边一撂，洗手，进屋吃饭。父亲吃饭不紧不慢，不用出诊时还要喝点儿白酒。父亲有一个白瓷酒壶，沙漏形的，能装二两酒，但他每次只喝半壶，用三钱的白瓷小酒盅喝，如果是冬天，就将酒壶放在热水里烫一烫，一口酒下去，祁峰能看见父亲那享受的表情。有些时候家里没酒，父亲就让祁峰拿着酒壶出门打酒。喝酒是父亲难得的惬意时刻，长大后的祁峰虽然不喜欢喝酒，但遇见喜事儿也会像父亲一样喝上一点儿。

　　如果需要出诊，父亲便会背上医药箱出诊。祁峰非常好奇父亲的出诊过程，毕竟这样的工作在小孩子看来是十分光荣的。

父亲是乐于助人的人，这一点在祁峰的记忆里留下了浓墨重彩的一笔，让他久久不能忘却。祁峰八岁那年冬天的一个晚上，家里门窗紧闭，但隔着窗户都能听见外面的风声，那风声像是一头猛兽在号叫。母亲在哄妹妹睡觉，轻轻地拍打着她的后背，妹妹的呼吸逐渐平稳，祁峰也跟随着节奏进入梦乡。睡梦中，祁峰感觉狂风似乎化作了一头张牙舞爪的怪物，从嘴里喷射出寒冷的空气，用头不停地狠狠撞击着大门。祁峰一下子就惊醒了，问："谁在门外！谁在门外！"这一喊把妹妹也吵醒了。祁峰听见外面确实有个人在急促地敲门，边敲边说："四叔，四叔，我母亲难受得厉害，麻烦您给看看……"原来是病人家属来找父亲看病。父亲听见后立刻就答应了，他迅速爬起来，穿上他那件洗得发白的棉袄，戴上棉耳罩、手套，又扣上一顶厚厚的棉帽子。母亲说："快去快回，外面天气不好。"妹妹说："爸爸你早点儿回来。"父亲笑着说："放心吧，我肯定早去早回。"言毕，父亲推开门，迎着凛冽的寒风走了出去。

早上，祁峰被妹妹叫醒，外面黑压压的云让人感觉呼吸都困难。祁峰看了看旁边还保持原样的褥子，父亲还没有回来。母亲揭开锅盖，蒸汽冲向房梁，整个屋子像神话故事里的仙境一样。祁峰和妹妹在灶膛边烤火，等着母亲扒火盆。早饭是蒸白薯和咸菜丝，母亲将饭菜端上桌子，然后拿起小铁锹掏了两铁锹的炭火，火红的炭火映得妹妹脸上红扑扑的。妹妹问："爸爸啥时候回来啊？"母亲说："咱们先吃，过会儿他就回来了。"

一直到祁峰背上书包去上学，父亲都没有回来。中午放学之后，祁峰飞快地回到家里，看见父亲的药箱在炕上放着，父亲盖着被子睡得正香。母亲说："我以为你爸六七点就能回来，这倒好，十点多才赶回来。不知道的还以为他去做什么大手术去了。"祁峰后来听父亲说，那次病人的情况很严重，父亲的诊断稍有不慎就会危及性命，因此父亲在诊断的时候慎之又慎，用药也是循序渐进。最终在服药和输液的共同作用下，病人才脱离生命危险。父亲一直不放心，在病人家里观察了很久，直到病人输完液他才长舒一口气。病人家属十分感激父亲的辛苦奔波，坚持要多给父亲一些医药费，还要留父亲吃饭，但父亲只收取了正常的费用就赶紧回来了。

祁峰曾经问父亲："爸爸，你为什么不多收一点儿出诊费呢？那样我们家就能过得更好一点儿了。"父亲说："孩子，你不能这样想，国家培养赤脚医生就是为了让老百姓都能看上病。你看我们身边的乡亲们，多数人就靠着那点儿地，守着庄稼过日子。我当赤脚医生是为了救人性命、为人排忧，这使我感到自豪和骄傲。这是一门技术、一门手艺，它不能沦为赚钱的工具，孩子你懂了吗？"祁峰深受震撼，从那时起，他对技艺产生了最初的向往，也想成为像父亲那样品德高尚的人。

母亲对祁峰的言传身教

在屋子的东西两边各有一口大锅，东边的锅用来炒菜和捞米饭，西边的锅固定用来烀猪食。每天在父亲起床后不久，母亲也会起床。她会从院外抱一大捆树枝进来，将细长的枝条掰成短枝，遇到粗枝条就用双手握住两端，弓起左腿，将枝条固定在膝盖下一点儿，用力一掰，树枝就断了。有时树枝太粗，母亲就将它斜放在灶台上，一脚下去，树枝瞬间断成两截。点火也很有讲究，冬天的时候要去山上的松树林里捡回一根一根褐色的松枝，然后将松针摘下，用来引火。点火的时候，先将松针放进灶膛，上面再放干燥的树枝，从底下点燃松针，火就烧着了，如果火不够旺，母亲会拿一个小锅盖在旁边扇风。扇风很管用，有时点火后没有明火，扇几下，树枝就能燃起来。

高粱米粥是家里最常吃的主食，直到现在，祁峰还会时不时做上一两顿高粱米粥。高粱米粥颗粒大，喝起来费力气，要不停地咀嚼，因为高粱米粥没有办法熬成黏黏糊糊的，从来都是米汤和米粒分离的状态。闻到早饭的香气后，祁峰便醒了，妹妹通常比他醒得早，有时候也会因无聊便早早地叫醒祁峰。祁峰给妹妹洗漱完毕后，两个人没什么事儿做，就会去厨房看母亲烧饭，有时也会坐在灶膛旁边的板凳上，看着温暖的火苗发呆。

在劳动方面，母亲不比父亲差，甚至偶尔还客串一下赤脚医生的角色。随着输液治疗在村子里逐渐普及，越来越多人来祁峰家里输液。在西边的屋里，母亲摆了好几把椅子，在墙上钉了几个铁钉用来挂输液瓶。常常是父亲给病人配好药，扎上针就出去上门问诊，母亲则在家里看着病人输液，等病人输完液，母亲给他们拔针。拔针很简单，拆开胶布，把针迅速地、平行地抽出来就行了。有时候来输液的是小孩子，年纪小的孩子好动，输液针很容易就错位了，母亲就会将一个药盒子绑在孩子的手下面，这样输液就得以顺利进行。久而久之，父亲开了药方就走，配药就交给母亲。病人们不仅很信服父亲，对母亲也十分敬佩。母亲也时常掏出《赤脚医生手册》来学习，她看得很认真，对病人十分负责，生怕父亲不在自己出岔子。

祁峰很喜欢和病人们聊天，他和妹妹放学回家时，如果看到还有病人没有输完液，祁峰就会过去和他们聊天，大家都很喜欢这兄妹俩。后来祁峰也自然而然地学会了给病人拔针，有时病人输完液正赶上母亲在做饭，祁峰就帮母亲给病人拔针，大大减轻了母亲的压力。

母亲一直热爱乡村生活、热爱劳动。如今祁峰和妹妹都已经成家立业，在城市里有了房子，想把母亲接过去享福，但母亲拒绝了。祁峰和妹妹都知道母亲是为了让他们安心工作，不想让孩子们分心，她说自己在乡下生活得很好，实际上母亲在乡下一个人住，需要做的事情很多。

如今，祁峰已经在城市生活多年，但他并没有失去儿时在父母影响下养成的淳朴底色，他经常携妻子、儿子回乡下看望母亲。母亲常说："你有空就回来，如果工作忙的话来个电话就行了，妈在家里挺好的，啥也不缺，你一定要好好工作。来个电话，妈就放心了。"祁峰每次听到这些都会感激母亲的理解。父母的言传身教给祁峰带来了深远的影响，这些影响贯穿了他的工作和生活。

小学生活

七岁那年，祁峰进入小学，开始了学生生涯。初到学校的祁峰对身边的事物好奇又敬畏。上课前，同学们都在交头接耳，大家似乎很关心班主任是个什么样的人。当班主任进门的时候，坐在班级前排的祁峰吃了一惊。来的不是别人，正是祁峰的堂姐。祁老师高中毕业后没有去别的地方工作，而是留在西泡沙村，成为一名小学教师。

祁峰看见堂姐的时候别提有多欣喜，他顿时觉得学校变得亲切起来了。他想着，堂姐是班主任，肯定不会让自己吃亏，没准还能给自己"开小灶"呢。祁老师是看着祁峰长大的，知道他聪明伶俐，是个好苗子，她想培养祁峰，就任命他为班长，想让他起带头作用。不过，当班长并不是一件容易的事儿，班上只有3名同学和祁峰同岁，剩下的11名同学都比祁峰大一两岁。祁峰一开始并不知道怎么当班长，就想：是不是凶一些就好管同学了呢？不承想，这一下惹出祸来了。

有一天，一名同学进班时没有和祁峰打招呼，祁峰很不高兴，心想：他现在不和我打招呼，以后我执行班主任的任务时，要是他不听怎么办？于是，祁峰把他叫过来，问："你为什么不和我打招呼，是不是对我有意见？"同学说："我为什么要和你打招呼，你是校长吗？"祁峰听见同学用校长来压他，气不打一处来，随手抄起讲台上的戒尺，朝他后背抽了一下。随即两个人就在教室里扭打起来，课桌被打翻了，里面的课本掉出来被踩上了好几个大脚印——黑乎乎的。同学们趁机在班里起哄，班里瞬间乱成了一锅粥。有一名同学迅速跑去办公室向祁老师汇报，老师立刻赶到了现场。只听见班级门嘎吱一声开了，班级里瞬间安静下来，祁峰和与他打架的同学你看我，我看你，只得停下手，低下头来。祁老师扫视了一下别的同学，随后对祁峰二人说："你们俩，马上来我办公室，其他同学保持安静。"

在跨出班级门的那一刻，祁峰就清醒了。他知道自己不应该冲动打同学，但是对一个七岁的孩子来说，认错是一件很困难的事情。祁老师问两个人为什么打架的时候，祁峰沉默不语，另一名同学则像抓住了救命稻草般，止不住地哭。看到这种情况，祁老师已经猜到了一半，就说："你们俩回去吧，这件事儿我会调查清楚的。"回到班里的祁峰不断地在内心诘问自己："为什么不能更冷静一些，少惹点儿事儿？为什么不能更勇敢一些，向老师承认错误、向同学道歉呢？"

两节课后，祁老师拿着书走进教室，从她严肃的表情可以看出，对于不久前发生的事儿，她已经有了自己的判断。她没有立即讲课，而是把书嘭的一声放在讲台上，然后说："今天宣布一个决定，因为祁峰同学在担任班长后骄傲自满，没有履行班长的责任，反而无理由欺负无辜的同学，在班长这个职位上做得很不称职，因此正式免去他班长的职务，改由江丽丽同学担任班长。"话音一落，江丽丽喊了一声"起立"，同学们紧跟着站起来说："老师好。"祁峰觉得自己站起来的时候身体里的血液在翻涌，他知道自己一定是脸红到脖子了。班长一职，多么重要，多么荣耀啊，现在他因为骄傲自大被当众免职了，这样一来同学们会不会嘲笑他？祁峰的心一下子凉了，他深深地为自己的所作所为而懊悔。

很多年之后，堂姐和祁峰聊起来这件事儿时说："其实我知道你容易骄傲，让你当班长，可能让你更骄傲，果不其然，照着我的想法来了。但是我本意是希望你能够在当班长的过程中锻炼自己。班长是做什么的？是老师的好帮手，是同学们的好榜样，是老师和同学们之间的纽带。我让你做班长，是为了让你多与同学和老师交流，同时严格要求自己，在完成本职工作的同时努力学习。这是一个非常锻炼人的工作，你当时并不明白我的苦心啊。"

祁峰小的时候不明白班长到底是做什么的，只是觉得当班长很威风、很神气。他后来才明白班长这个职位真正的含义，堂姐不是因为亲戚关系才让他当班长的，而是为了锻炼他，让他知道处在一个重要的岗位上时，不能只想着自己的荣誉，心里不能只有自己，要多为别人着想，这样才能发挥重要岗位最大的价值。

1989年6月，祁峰离开了西泡沙村小学，去马家湾中心校读五、六年级。马家湾中心校离家不远——1公里，走路大概15分钟。中心校五年级整个年部足足有60人，分为13班和14班2个班级，祁峰在13班。在这里，祁峰认识了一位叫白建明的同学。虽然白建明同学的学习成绩处于中等水平，但是他有一点让祁峰十分欣赏，那就是愿意为班集体付出。

祁峰上五年级时，班级里是有值日制度的，全班分为若干个小组，每个小组轮流值日，值日内容中最难的就是用小推车把煤块从库房推到班里，这个任务耗时久、工作量大。祁峰和同组的同学们的个子都不高，力气也较小，因此推煤块和生炉子对小组成员们来说是比较困难的任务。祁峰想干好，但是又怕自己动作缓慢，等同学们来的时候炉子还没热。正在祁峰和组员们竭尽全力运送煤块但进展缓慢的时候，白建明站了出来。每次到祁峰小组值日时，白建明都会比其他同学早来15分钟，帮助祁峰小组推煤车、生炉子。祁峰看得出来，白建明生炉子很熟练，这得益于他经常做家务。祁峰问过白建明："你为什么帮我们？你图什么呢？"白建明只是笑笑说："这有什么图不图的，我们是同学，互相帮忙是应该的。如果我不过来帮忙，同学们进教室时，到处都是烟雾，还很冷，那就没办法学习了。"白建明的这些话深深地影响了祁峰，那时候祁峰开始对集体主义有了模糊的概念，对于集体的精神力量有了一些自己的认识和想法。直到现在，祁峰都非常感谢白建明的帮助，感谢他用一次次的行动浇灌了同学们心中那等待绽放的集体主义花朵。

在白建明的带动下，祁峰也想为班集体多做贡献，他开始在学习之余关注同学们的生活状况和学习状况。同学们在学习上遇到困难时，他会帮同学们讲解题目；在农忙的时候，祁峰干完了自己家的活儿，还会主动到别的同学家帮忙。每当看到同学们感激的神情，看到大家脸上绽放的笑容，祁峰就像考试得了满分一样快乐。很快，一个为班集体争取更大荣誉的机会来了。

1990年夏天，学校要举办夏季运动会。运动会设置了团体奖，各个项目也设置了单项名次分，各单项名次分加起来就是各班的团体总分。由于祁峰个子比较矮，还比较瘦弱，他只能参加仰卧起坐项目。为此祁峰刻苦锻炼，一心想要拿到好名次。

很快到了正式比赛那天，随着裁判一声令下，祁峰迅速躺下、起来……整个赛场上都是同学们起起伏伏的身影。祁峰努力加快速度，他心里只想着拿到名次，为班集体争光。等到祁峰腰腹都快直不起来的时候，比赛终于结束了，他已经能想象到明天他的肚子会变得很"敏感"——一笑就会疼的那种。最终，祁峰获得了仰卧起坐比赛的第六名，拿到了三等奖。班主任赵老师很开心，她说："祁峰真是厉害，这是咱们班的第一张奖状！"祁峰不好意思地说："本来能拿更高名次的，没发挥好。"赵老师说："这是比赛，也是一种历练，名次是次要的，你能在比赛的过程中有所收获才是最重要的。"祁峰用力地点了点头。赵老师接着说："现在你的项目完成了，老师交给你一个重要的任务，你从现在开始就是咱们班的后勤部部长兼宣传队队长，在其他同学参加比赛的时候要帮着他们拿东西、加油呐喊、擂鼓助威。"祁峰听完有点儿不理解，这不就是小跟班吗？哪像老师所说的那么重要？但祁峰还是照做了。第一个被祁峰帮助的人是班上著名的短跑健将，也是班级里少有的50米项目的选手，同学们都叫他"飞毛腿"。祁峰跟着他去检录，帮他拿着裤子和衬衣，自始至终，祁峰都跟在他身后，尽一切所能帮他。枪响之后，"飞毛腿"如箭一般冲了出去，祁峰高声为他加油。一边加油，祁峰一边往终点跑去，那一刻，祁峰感觉自己仿佛也在赛场上。"飞毛腿"很争气，获得了亚军，祁峰给他递去一瓶水，"飞毛腿"看了看他，说了一声谢谢。祁峰听到这句话，仿佛受到了巨大的鼓舞，原来帮助别人的感觉是这样温暖又充实。

最终，13班获得男子接力赛第一名，团体总分第二名。赵老师在总结中说道："各位参赛同学都为班级荣誉付出了汗水，负责宣传工作和后勤工作的同学们一样功不可没，因为有了后勤同学的保障和鼓励，运动员们才能没有后顾之忧，全身心投入比赛，才能取得这样优异的成绩。"这次运动会上集体主义第一次对祁峰发出了召唤，祁峰开始对集体主义有了更深刻的理解，这一点深深影响了他以后的工作和生活。

中学时光

1991年9月，祁峰顺利升入马家湾中学，开始了他的中学生活，他被分到45班，认识了许多新同学。班主任姓张，是一名政治老师，他教学经验丰富，带过好几届毕业班，教学水平非常高，同时还热爱运动，每次教职工的篮球赛上都有他的身影。

到了中学，祁峰发现这里是更为广阔的天地，老师变多了，同学也变多了，而且同学们都各有所长，相比之下，自己显得有些平庸。班主任张老师是著名的伯乐，他非常善于挖掘同学们的潜能。初一下半学年，学校要办艺术节，每个班级都要出节目。同学们多才多艺，上报的节目也是五花八门的，有人演小品，有人表演相声，还有人表演合唱。祁峰也想参加艺术节，和大家一起热闹热闹，但是他不知道自己能够表演什么节目。祁峰忽然觉得这些离自己很远，他没有接受过专业的训练，也没发现自己有什么才能。就在祁峰一筹莫展之际，张老师找到了他。在办公室里，张老师问："祁峰，你想不想参加艺术节？"祁峰说："老师，我当然想参加，只是不知道自己能做什么，同学们都找到自己热爱的东西了，我还没有。"张老师说："我个人比较喜欢听戏，我感觉你的嗓音条件很适合唱戏。这样吧，正好有个同学想唱《天仙配》，还差一个女主角，你来反串当女主角吧。"祁峰听后大为吃惊地说："什么？让我唱戏还要反串！这……我从来没有接触过啊。"张老师说："你要相信老师的眼光，我觉得这个节目演好了一定能拿大奖。"看着老师自信的样子，祁峰也有了自信，他说："老师，您放心，我试试，争取演好这个角色！"

录音机在那个年代是珍贵的物件，但张老师放心地把录音机借给了祁峰，嘱咐他好好练习。祁峰感到压力的同时也充满了动力，他装好磁带，按下播放键，跟着录音机里的音乐学了起来……

家人很好奇，祁峰怎么喜欢上戏曲了，天天捧着录音机咿咿呀呀地唱。祁峰说："我这是为学校的艺术节做准备，你们就等着我一鸣惊人吧！"

终于到自己演出了，第一次面对台下好几百名观众，祁峰深吸了一口气，心里念叨着千万不要紧张。开唱的时候，他一下子就进入了角色，台上台下只回响着两个人的声音。原本，祁峰想，这次艺术节是三个年级一起比赛，他们是初一年级，初来乍到肯定不如另外两个年级有经验、有人气，尤其是初三（5）班的《英雄赞歌》，那真是获得了满堂彩。出人意料的是，比赛结果一出来，《天仙配》竟然获得了一等奖！全校师生都记住了祁峰，记住了他那独特的嗓音和迷人的唱腔。在此后的时光里，祁峰一直在想，张老师真是厉害，就像是课本里讲的伯乐一样，有一双慧眼，能够发现大家的才能。同时，经历了这次艺术节，祁峰也养成了认真对待每一件事的习惯。祁峰知道只有自己认真对待过、努力付出过，才能够获得无愧于心的结果。

时间过得飞快，初中的课程不像小学那样简单，尤其是上了初三之后，祁峰感到学习上有些吃力，但是中考的压力近在眼前，他只能不断地努力。祁峰的梦想是能够考上中师，那样就能当老师了。祁峰很想当老师，因为在他的学习生活中有许多老师给他指路，有许多老师帮助过他，可以说，各位老师对于祁峰而言是人生路上仅次于父母的引路人。因此，他也想当老师，成为别人的引路人，教出更优秀的学生。但是中师不是那么容易就能考上的，因为考上中师毕业后就能分配到工作。祁峰有时候觉得，考上中师似乎是个遥不可及的梦想，但他还是会努力学习。

中考成绩出来的时候，祁峰发现自己以三分之差与中师无缘。后来祁峰常常想，如果自己当初能再认真一点儿，再努力一点儿，再做出一道题目，也许就能实现当时的理想了。这件事儿成为祁峰心中的隐痛，同样也为他敲响了警钟，以后他再想偷懒、再想放松的时候，这件事儿就会出现在他的脑海中，警告他不要重蹈覆辙，不要再让自己的人生因为懒惰而留下遗憾。

⊙ 1992年5月，祁峰读初中时留影

考入技校

1994年，中考结束，祁峰收到了一张来自张家口市宣化区沙岭子高中的录取通知书，他很纠结到底要不要去上高中。为什么纠结呢？因为上高中需要三年，之后如果考上大学又需要几年时间读书，妹妹也到了上学用钱的时候了，家里已经无力支撑祁峰再读很多年书了。最终，再三权衡之后，祁峰放弃了去高中念书的机会，选择参加技工学校的招生考试，并顺利地考进了地质矿产部张家口技工学校。这样一来，三年之后祁峰就能工作赚钱了。

当时祁峰是农业户口，学校规定，农业户口的学生只能学铸工、锻工和车工三个专业。祁峰根本不知道铸工、锻工和车工是干什么的。当时正好有一位表哥来家里做客，他告诉祁峰，学车工专业能够掌握很多技术，应该选车工专业。经过家庭会议的讨论，全家一致决定让祁峰选择车工专业。

1994年9月6日，祁峰怀着好奇、忐忑又激动的心情来到了地质矿产部张家口技工学校报到。在踏进学校大门的时候，他心里想的是，我一定要好好学习，把真正的技术学到手，将来好赚钱，让父母的生活好起来，让家里的压力小一点儿。说实话，在很长一段时间内，祁峰对于技术工人的概念都很模糊，他不知道什么是技术工人，在来学校之前也没有想过会成为一名技术工人，但从这时起，他逐渐向真正的技术工人转变。

学校的课程分为理论学习和实际操作两部分。第一周的课程就是实际操作，祁峰第一次来到机器前，觉得周围的环境都很新鲜，看着车床上面的零件、操纵杆都很陌生，但又很好奇。教授实际操作课程的老师叫樊永泉，他经常穿着一件蓝色的旧工服，个子不高，胖胖的，看起来很和蔼。樊老师普通话很流利，听不出什么乡音，但是他的语气很严肃。后来祁峰意识到，樊老师是个非常认真朴实的人，他对于操作车床的严谨，对于教学的热爱，值得学生们终身学习。樊老师没有先讲述如何操作车床，而是先花了一个半小时的时间来讲述安全操作的重要性。樊老师强调，安全是车工工作的最大依仗，没有安全，一切都是空中楼阁，无从谈起，安全是天、安全是地，安全关乎每个学生的生命。当时许多同学有点儿不耐烦，因为老师很多话重复讲了好几遍，有些同学已经跃跃欲试想要摸一摸车床了。后来，事实证明，老师的重复非常有必要，但有些事情，如果没有亲身经历，就不会有深刻的印象。

有一次上实践课，老师要求两个人一组加工零件，一个人操作车床，另一个配合加工。当时是祁峰的同学操控车床，祁峰配合加工，二人合作加工一根螺纹轴。在精加工一个直径50毫米的圆柱体时，加工余量只剩下0.5毫米，只需要一刀精车下去，就能保证零件的尺寸。为了保证零件表面的粗糙度，机器的转速达到1200转/分钟，加工出来的铁屑呈丝状直直地抛了出来，缠绕在零件表面。当时祁峰心里想，铁屑缠上去就会伤到零件表面。情急之下，祁峰直接用手去抓铁屑，结果比刀子还要锋利许多倍的铁屑将祁峰右手的无名指和小指划出了个大口子，鲜血直接流出来了，疼得祁峰连忙蹲在地上，同学们见状赶忙将祁峰送到医务室治疗，一周才慢慢痊愈。

　　这次意外的疼痛是钻心的，当时祁峰感觉自己整个手指就像是失去了和身体的联系一般，似乎随时会断掉。在清理伤口之前，血染红了一片又一片卫生纸，祁峰吓得差点儿休克。此时，祁峰终于明白了樊老师在第一节课上讲安全操作的重要性，有些事情自己想不明白，不是因为不重要，而是自己没有经历过，教训不够刻骨铭心，只有亲身体会过才会明白安全生产的重要性。此后，祁峰无论是在自己操作时，还是在指导别人时，都将安全生产作为最重要的原则。

　　技校的生活忙碌又充实，三年光阴弹指一挥间，就来到了最后一个学期。临近中级工考试之际，所有人都憋着一股劲儿在好好学习，都想在毕业的时候取得好成绩。那时候班级里的学习氛围很好，没有人偷懒，大家都踏踏实实地学习，认认真真地准备，同学们聚在一起没有人谈论吃喝玩乐，都是在讲这个尺寸怎么保证，那个刀具角度怎么刃磨，蜗杆尺寸怎么计算等。同学们都想在毕业的时候给自己一个交代，在中级工考试中取得好成绩，对得起默默付出的老师，对得起供自己上学的家长，也不辜负自己三年来的勤学苦练。樊老师是一个极其敬业的人，在临近考试的那一周里，他对每位同学都非常关心，看看大家的刀具，考考大家的加工工艺，问问车蜗杆时的操作要领……同学们都很积极，展现出了不同以往的精气神。

在考试前的最后一节课上，樊老师一如往常，笔直地站在讲台上，缓缓地开口说："亲爱的同学们，这可能是你们在技校的最后一节课了。我要求大家在考试中一定要注意安全，一定要沉着冷静，一定要按照加工工艺加工，一定要注意细节，一定要将量具校好，不要出现无谓的失误。我最后再给大家讲一讲蜗杆轴的加工工艺。"说完，樊老师转过身，在黑板上一字一顿地写下了"加工工艺"这四个字。同学们聚精会神地听讲，樊老师的声音在教室里回荡，祁峰觉得这节课还是太短，一下子就过去了，转眼间他就要和课堂、和同学们告别了；他又觉得这节课好长，长到这三年里发生的事儿都在他眼前过电影似的一幕幕闪现，他感觉自己的眼眶湿润了，他舍不得老师们，舍不得同学们。

晚上十点半时，有人看到窗外有个身影，有认识的同学说了声"师母来了"。同学们纷纷站起来，樊老师快步走到门外，和师母说了些什么。班长这时候说："咱们请师母进来说吧。"说着，有几名同学走了出去，将老师和师母请进了教室。大家看到师母手里拿了一个保温桶，好像是给老师送饭来了。师母说："打扰大家了，我本来是看看老樊什么时候下课回家，他今天没有吃晚饭就来上课了，我有点儿担心，所以来给他送点儿饭，不是催促他回家。同学们一定要把还不明白的地方弄清楚，打扰大家了！"说到这里，同学们都流出了眼泪，樊老师为了同学们，真的付出了太多太多。有樊老师这样一位敬业的老师，是学生们最大的福气！

最终，同学们没让樊老师失望，车工班的三十人，全部考上了车工中级工！

⊙ 1997年4月，祁峰（右二）在地质矿产部张家口技工学校上学时留影

第二章 初入职场，磨炼技术

扫码解锁

◎群英颂歌◎责任担当
◎磨砺技术◎奋斗底色

毕业入职

1997年5月12日，祁峰的三年技校生活接近尾声，这天学校举行了一年一度的毕业典礼。祁峰很激动，他明白自己站在了一个人生的路口，马上要开启新一段人生旅程了。祁峰昂首挺胸地走进了学校的大礼堂，这是他最后一次来这里，也是最后一次在学校里听校长余光第讲话了。余校长真诚地祝福同学们在人生道路上取得更好的成绩，他为同学们鼓掌，期待大家都有好消息。祁峰不停地看着周围，想到未来大家可能天各一方，离愁别绪萦绕心头。

第二天，94级的同学们开了最后一次年级早会。会后，学校告诉了大家分配到的单位。听来听去，祁峰并没有等来自己工作单位的消息。散会后，祁峰赶忙去找了学生科的领导，领导说："你别着急，过几天还有别的单位的面试，你等几天。"

整整一周，祁峰都在等待中度过，家里几次来电询问他去哪里工作，祁峰总是说还没有公布，再等几天吧，过几天就会有消息了。终于，祁峰等来了张家口煤矿机械厂的面试通知。

　　张家口煤矿机械厂始建于1923年，是新中国成立后的第一批煤矿装备制造企业，我国的很多煤矿设备在这里诞生，它也是我国煤矿装备发展与变革的引领者。从1951年研发我国第一台链板式V型槽输送机以来，我国第一台使用圆环链的SGW-44型可弯曲刮板输送机、第一台综采工作面使用的SGW-150型边双链刮板输送机，以及很多国内首台首套各型号大运量、长运距、高可靠性智能高端成套输送设备的产品，都是先后在张家口煤矿机械厂诞生的，张家口煤矿机械厂为我国煤矿装备的创新发展做出了突出贡献。

　　1997年6月11日，祁峰等23人在学校招生办主任的带领下进入张家口煤矿机械厂，然后大家被不同的领导带回各自被分配的车间，祁峰排在最后。工具车间副主任周平带着他来到了车间。周平师傅说要先试工，祁峰以为是试试自己能不能操作车床，试完了如果效果不好恐怕还有被"退货"的风险。于是，祁峰熟练又谨慎地操作着车床，全神贯注地、顺利地完成了"试工"，本以为做完就能回去了，等单位想好了再决定要不要自己，没想到，从这时候起，祁峰就算是真正地进入了单位（试用期），开始工作了。就这样，祁峰进入张家口煤矿机械厂，成为工具车间的一名车工。

　　接着，车间技术副主任给祁峰讲了车间的一些具体情况，讲了一些安全生产的规程，提出了一些具体要求。安全员给他发放了劳保鞋和蓝色工作服，带祁峰到机械员那里进行了为期一天的安全操作规程教育。下班后，由工会主席带祁峰到单身宿舍，安排他住宿。从此，车工祁峰开始了新的生活。

告别学徒，受到关注

上班是大多数人步入社会的开始，祁峰意识到自己即将离开原有的家庭，步入社会的浪潮中。他对于新的生活有胆怯，但更多的是向往。

一大早，周平副主任带着祁峰来到车间，祁峰第一次见到工长恩师傅，恩师傅负责给新来的工人分配师傅，他说："你在厂子里第一件事儿就是学会学习，不会学习、技术不过关就不是合格的工人。"工具车间主要负责加工全厂各个车间的工装模具，在全厂属于二线车间，但是工具车间对操作工人的业务能力要求较高，每天更换三四次零件是常事儿，来了工具车间就得适应更换的零件复杂、操作技术要求高的工作特点。

祁峰第一次见到自己的师傅——邸清波师傅是在一台捷克生产的车床旁边。邸师傅说："先看看，熟悉熟悉设备，别着急上手。"从此，祁峰正式开始了他的学徒生涯。他每天清扫设备及现场，这样的工作持续了近一个月。祁峰心里痒痒的，他也是在技校学习过三年的人，怎么能不想碰一碰车床呢？但是父亲曾经告诉过他，拜师学艺第一年都是这样的，干一些细碎的活儿，等到师傅觉得他这个徒弟不错的时候，就会开始教他了。

祁峰上中学的时候，老师曾经讲过一句话，他记不太清楚原句了，大致意思是，人活在世上，就像锥子在囊中，如果锥子足够锋利，它的尖儿早晚会露出来。祁峰很相信这个道理。终于在一个月后，机会来了。

那天，工长给邸师傅安排了螺杆加工任务，材料是不锈钢的，加工的难点是在螺杆的下端加工一个长30毫米、型号为Tr30×5的梯形螺纹。加工螺纹，需要操作者精力集中，而且长时间处于弯腰的状态，不管是谁，长时间操作都会腰酸背痛。这批次零件要得还很急，需要抓紧时间干。邸师傅干了一天，祁峰看得出来，师傅已经很累了。第二天，祁峰尝试着问师傅："师傅，能不能让我试试？"对于徒弟的主动请缨，师傅严肃地看着他，然后说："你会车梯形螺纹？在技校学习过？"祁峰说："技校里都教过，我没忘。"邸师傅站到边上，让祁峰操作设备。祁峰的动作很娴熟，明眼人一看就知道他有功底，看着他一步一步地将梯形螺纹加工成型，师傅一改严肃的表情，露出了欣喜的微笑。从那天开始，邸师傅对祁峰就彻底放心了，加工难度不大的零件，都放手让祁峰操作。

1997年10月1日，在这个举国欢庆的日子里，祁峰结束了试用期，成为张家口煤矿机械厂的一名正式职工。从10月开始，祁峰被安排到C630车床当学徒。11月1日，祁峰便正式出徒，作为一名技术工人单独进行生产加工工作。

祁峰满心欢喜地开始独立工作，但事情并没有他想象得那么容易。以往遇到技术难题时，祁峰可以请教师傅，可以在学习中进步。但如今自己做工，有很多工作都需要自己想办法，生产零件和上学时加工零件截然不同。上学时，加工一个考试件，如果有一个尺寸不在公差范围之内，只不过是这个尺寸应得的分数没有了，不会影响其他部分得分。而在实际生产中，一个尺寸的失误，会直接影响这个零件的使用情况，甚至有可能导致零件直接报废，所有的加工工作全部归零。在这样的压力下，祁峰开始了他的职业生涯。

祁峰出徒后接到的第一个生产任务是加工一个锥套，主要加工内容是将零件的一个平面车平，这个活儿要求车出来的零件表面光滑度高，零件的平面有一个吊装孔，加工时需要断续地车削。在实际操作时，祁峰发现操作没有这么简单，车刀容易让刀，每让刀一次，就会对精确度产生负面影响，导致平面不是特别平。当时祁峰没有在意，觉得就是车个平面而已，加工完就让检查员来检查，他觉得肯定没问题。检查员过来以后，拿出了卡尺，他将卡尺背过来贴住零件，看卡尺是否紧紧贴住零件表面，以此来测量零件的平面度。祁峰一下子蒙了，脸瞬间就红了，尺子还能这样使用啊！尺子放好后，通过透光法，二人都看到了平面确实是不平的，有点儿凸起。于是，没等检测员说话，祁峰就说："真对不起，是我工作粗心，我马上拿回去重新加工。"祁峰回去后又仔细观察零件的构造，考虑零件与车床的适配度，调整了加工角度，最终完成了加工任务。这下真是给祁峰实实在在地上了一课，不仅让祁峰知道了干什么都要认真、做什么都要细心，还教会了他卡尺的新用法：用透光法测量零件平面度。在此后的工作中，祁峰始终把这次的教训牢记在心。

工具车间的师傅们都很认真，也很注重加工质量。同班的磨工霍师傅作为工龄近30年的老师傅，他平时就总和大家说："质量是生命，没有质量就什么都没有，别说开拓市场、占领市场了，连饭碗都保不住。"祁峰对这个观点表示深深的赞同。作为工人，零件的精准度既是自身的招牌，也是单位的脸面。

有一次，霍师傅快下班了还坐在磨床跟前，左手托着下巴，眼神凝滞，好像出了什么事儿。看着德高望重的霍师傅愁眉苦脸，周围的人三步并作两步，赶忙过去询问发生了什么。霍师傅说活儿出问题了，他要磨削一个直径500毫米的心轴似的零件，因为大千分尺看错了一圈，刚才拿卡尺一量，工件整整小了0.5毫米。时间一分一秒地过去，霍师傅有些着急，豆大的汗珠直直地往下掉。同事和学徒们赶忙劝说，可是霍师傅自己就是不能接受，也不能原谅自己的失误。祁峰这时候说："霍师傅，我们都明白加工质量的重要性，但是这次的事儿您也别过于自责，一次失误并不能说明什么。您今天先回家睡一觉，我们大家回去帮您想想办法。"

第二天早上不到六点，霍师傅就来到了单位，准备接受处罚。与使用方一联系，才知道这是一个类似煤气罐模子的产品，工件小1毫米都没事儿。虽然是虚惊一场，但是霍师傅心里还是过意不去，众人劝了好一阵，他的心情才渐渐舒缓。霍师傅说："我谨小慎微了半辈子，对质量把关了半辈子，这次差点儿就丢手艺了，你们千万要引以为戒，严把质量关。"这番话让所有人都看到了老师傅执着、敬业的精神，这种精神是多年从业留下的宝贵财富，也是最值得年轻工人学习的，正是有了这种精神作为内核，我们国家才会有一批又一批的大国工匠。祁峰心想："从现在开始，我要更加细心认真，在岗位一天，就不能放松一丝一毫，要把老师傅们注重质量的优良传统发扬下去。老师傅们就是我的榜样，今后的每一次加工，我都要慎之又慎。"

1999年10月，车间接到一个加工螺纹连接轴的生产任务。

零件是偏心的，对位置度要求高，而且是型号为Tr200×8的梯形螺纹，螺纹部分长120毫米。工长问祁峰："这个活儿你能干吗？"祁峰心里知道，这个零件的加工工艺不难，任何一个熟练的车工都能办到，但是螺纹长达120毫米，会使这项工作的重复性比较高，工长可能也问了别的同事，估计大家都没有接这个任务。工作不难，难在需要长时间保持专注，进行重复的工作。祁峰看了看图纸，他觉得工长找到他就是信任他的加工水平，他接下了这个任务，用了一个班的时间将这批零件保质保量加工完成了。这件事儿很快传到了厂领导那里，领导们对祁峰吃苦耐劳的精神表示了认可。从此，领导们都记住了这个年轻且技能熟练的技工，而且特别信任他。

有一次，厂里的领导们来车间视察，他们特意走到祁峰的工位，观察了他好一会儿，祁峰太专注工作了，一时间竟没有发现领导的到来。领导拍了拍祁峰的肩膀说："年轻人就是体力好啊，专注力强，你要好好学习技术，争取取得更多更好的成绩！"后来，领导们特意叮嘱师傅们，让他们多指点祁峰，让祁峰多尝试干不同的活儿，学习不同的技术，这些都为祁峰后来成为特级技师打下了基础。

立志参赛

1997年9月，邸清波师傅取得了代表张家口煤矿机械厂参加国资系统技能大赛的资格。祁峰发现，自从师傅取得比赛资格开始备赛后，他就将参加比赛作为头等重要的事儿看待。当时的祁峰还不知道参加比赛意味着什么，也不明白比赛对于普通技工来说是多么珍贵的机会，但是他仍然可以从其他同事那里看到羡慕的神情，也能从邸师傅的眼中看出激动和忐忑。

那几天，祁峰看着师傅不停地准备各种刀具，一遍一遍地在车床试刀，查看精车刀加工出的零件表面粗糙度是不是达到了要求。师傅又用油石研磨刀具后角，修磨刀具、修光刃，又用样板测量刀具角度……总之师傅特别忙碌，几乎付出了全部精力。祁峰也不闲着，在一旁帮着师傅调校量具、捆扎刀具，生怕把刀具磕了碰了。看着师傅这样全神贯注地备赛，祁峰默默地想，将来自己也要争取参加比赛的资格，像师傅一样，用自己最引以为傲的技术去和更多的人角逐！终于，到了比赛的那一天，祁峰和师傅将比赛所需的各类物品装上了汽车。祁峰目送师傅去参加比赛，也在心里默默祝福师傅取得好成绩。

三天后，师傅来上班了，整个人表现得十分欣喜和自信。祁峰询问后才知道，师傅取得了大赛第七名的好成绩！这个荣誉让师傅直接晋升为车工高级工，成为厂里第一位拥有高级工职业资格的技术工人。高级工啊！在那时的祁峰看来，这不仅仅是职称的变化，更是对加工技术的高度认可。作为一名技术工人，得到这样的认可是多么不容易！

回来后，车间专门给师傅开了庆功大会，当场奖励师傅500元。那个时候的500元可不是一笔小数目啊！师傅在全车间做了获奖发言，师傅说："能够获得这份荣誉我很高兴，这份荣誉不仅仅是我个人的，还属于咱们整个车间，属于咱们技术工人。工作了这么长时间，我很荣幸，也很幸运能够获得这份荣誉，同时我也希望在座的各位年轻人在工作中都能精益求精，在技术方面不仅做到更好，还要有所突破！"祁峰很有感触，觉得自己也特别光荣，因为这是他的师傅，一名技艺高超的高级车工！从那时起，参加比赛这个种子就在祁峰心中逐渐发芽，他日复一日地学习，昼夜不停地努力，为的是在机会来临的时候能够抓住机会，成为像邱师傅一样了不起的高级工。

勇夺名次，成为标杆

2000年，祁峰所在的张家口煤矿机械厂完成改制，更名为张家口煤矿机械有限公司，归河北省代管。公司的经营状况发生变化，祁峰的生活也发生了变化。2001年，祁峰经人介绍认识了白晓霞，开始了恋爱生活。2003年2月，公司整体并入中国中煤能源集团有限公司，成为中煤集团生产煤矿设备的主要企业，这时的祁峰已经和白晓霞结婚一年了。在这期间，祁峰一方面为单位的前途忧虑，另一方面也在加快精进自己的技术。他深知，作为工人，身怀技术是第一位的，只有提高自己的技术水平，才能让自己的小家越过越好，才能成为对社会更有用的人才。

2004年，中煤集团在张煤机公司举办职工技能大赛，这是职工证明自身实力的大好机会。公司指定工具车间参加铣工、钳工比赛，机修车间参加车工比赛。祁峰听了这个决定深感遗憾，因为他是工具车间的车工，没办法参赛。

经过激烈的比赛，中煤集团技能比赛铣工第一名和钳工第一名都是祁峰同车间的工友，他们每人获得了5000元奖金，而且还获得了参加国资系统技能大赛的资格。祁峰又一次暗下决心，一定要努力提高自己的技术水平，争取在未来的比赛中也取得好成绩。2004年5月，祁峰利用业余时间，参加了北方机电工业学校的高级车工培训，并于同年7月参加高级车工考试，顺利取得了车工高级工职业资格证书。

2005年9月，公司决定举办张煤机公司第一届职工职业技能运动会，祁峰得知这个消息后十分激动，这次不再指定特定车间的特定工种参加比赛，任何车间的任何工种都可以参加比赛，他琢磨着一定要参加这个比赛，争取取得好名次。

最开始进行的是车间预赛。在车间内部的角逐中，祁峰沉着冷静，顺利拿到了参加公司车工决赛的资格。

祁峰知道，决赛的理论题是个难关，理论题题型多且复杂，有选择、填空、判断、分析、计算、简答六大部分。当时祁峰没有复习资料，他便向技术人员借阅书籍，将厚厚一摞书抱回家仔细研读。他觉得，眼过千遍不如手过一遍，光看不如动手写。于是他将简答题和计算题全部抄了下来，每天晚上再重新验算一遍，背诵一遍。在解题速度和方法上，祁峰对自己也是高标准、严要求。

当操作题的题目下发以后，祁峰便利用下班后的时间刃磨刀具，准备量具，编制加工工艺，认真练习。图纸下发后，师傅邸清波第一时间找到祁峰，问："你觉得这个活儿难不难？难在哪里？拿分项在哪里？刀具需要怎么准备？量具需要多少？"祁峰被这一连串问题问得哑口无言。他意识到不能一味地埋头干活儿，还要去思考和分析题目，在这上需要下的功夫应该不比练习少。之后师傅便开始给祁峰讲解："这道操作题，首先是两件套，而且是正反两面都要配合，一面是锥度配合，一面是偏心配合，这两个考点加起来就是20分，不要小看这20分，这是比赛时大家拉开档次的地方。"祁峰一一记在心里，这可都是师傅的宝贵经验啊！

接着，师傅开始给祁峰分析图纸，一一告知注意事项，哪里需要多留心，哪里容易出现误差，哪里需要精细加工等等。可以说，师傅既给祁峰指明了操作的方向，也给他拿名次提振了信心，让祁峰少走了好多弯路。

祁峰参加比赛，可以说是被车间许多师傅寄予厚望的。车间的师傅们个个身怀绝技，都有自己的拿手好戏，在参赛前，师傅们都愿意毫无保留地指点祁峰。卢世清师傅最拿手的就是加工梯形螺纹、蜗杆、矩形螺纹等零件。在参赛前，卢师傅主动找到祁峰说："给我看看你的蜗杆粗车刀和精车刀。"当时祁峰还疑惑，卢师傅怎么这么关心我？但他明白，得到一位老师傅的指点是很不容易的，于是他连忙把图纸拿了出来。卢师傅看了看说：

"感觉粗车刀主后角偏小。"说完，他让祁峰计算一下，又用角度尺测量一下。果不其然，确实小了接近2度。卢师傅没说什么，拿起刀具，走到砂轮房，戴着花镜，帮祁峰认真地磨起了刀具，而且边磨边测量，磨好后又专门和祁峰探讨了蜗杆的加工以及测量等问题。理论考试部分，因为祁峰的复习资料不全，他便向车间技术员胡师傅借阅书籍。胡师傅是车间理论水平最高的师傅，虽然在工作中大家注重实操，但是胡师傅特别擅长将具体的工作理论化，在理论方面可以说整个车间无出其右者。胡师傅专门给祁峰讲清了现在大部分竞赛所用的试题类型，还告诉他机械基础、金属材料及热处理这些知识也要认真学习，祁峰仔细记录下所有的重点，他相信，有这么多人帮助，自己一定能成功。

终于，到了2005年10月，祁峰怀着紧张的心情参加了张煤机公司第一届职工职业技能运动会车工组决赛。面对众多车工高手，祁峰心想："从进工厂的第一年开始，我就想通过参赛来证明自己，现在机会就在眼前，我一定要沉着、冷静，用最好的精神面貌拿下比赛！"

最终，祁峰以理论考试第一名和实际操作第一名的成绩取得了车工组金奖。按照赛前文件规定，祁峰不仅获得了奖金，而且直接破格晋升为车工技师，那一年，祁峰27岁，是张煤机公司最年轻的车工技师。这一次比赛为祁峰以后参加各类比赛奠定了坚实的基础，这一次比赛也让祁峰对手头的工作更加有信心了。

2006年，祁峰被张煤机公司评为劳动模范。

在表彰大会上，祁峰站在台上，看着一路走来帮助过自己的师傅们、看着支持自己的同事们、看着信任自己的领导们，百感交集，他知道自己能获得这项荣誉离不开这些人的帮助。当公司所属学校的小学生向劳模们敬献鲜花时，祁峰感觉到无比光荣，站在台上腿止不住地抖，他无比激动。祁峰在台上说："感谢大家的信任，也感谢大家对我的帮助。我在平常工作中就常常想，对于一名技术工人来说最重要的是什么？是零件的质量，是任劳任怨的品格抑或是对自己的严格要求？这些都很重要，我也相信在座的各位都具备这些能力。此时此刻我站在台上，仍然能想到自己的不足，想起我曾经做得不好的地方。被评为劳模，在外界看来是一份荣誉，但我认为这更是一种鞭策，我会在今后的工作中更加严格地要求自己，我会继续努力的，谢谢大家！"

2007年8月，祁峰突然接到公司团委通知，要举办第三届"振兴杯"全国青年职业技能大赛河北省预赛，地点在沧州，要求张煤机公司派一名车工参加比赛。祁峰在公司技能运动会中取得了好成绩，所以领导认为他是最合适的人选。

对于这次比赛，张煤机公司也没有多少把握，因为以前公司并没有人去参加过这个比赛，况且时间仓促，留给祁峰准备的时间仅有三天。领导们心里也着急，担心比赛成绩不理想，但领导在和祁峰谈话的时候只是告诉他尽力就行。

接到通知以后，祁峰认真地阅读了技术文件，回家以后详细地编制了加工工艺，把所需要的刀具、量具、辅具等工具列了一张清单。第二天，祁峰又用了一天时间将所需要的物品准备齐全。在所有的师傅都下班后，祁峰进行了第一个六件套零件的加工练习，认认真真地试了试刀具和工艺。

祁峰带着忐忑的心情去了沧州，与全省各个单位的精英同场较量。来自全省各工厂的车工大显神通，经过激烈角逐，在理论和实际操作的比试中，祁峰荣获第二名，取得代表河北省参加第三届"振兴杯"全国青年职业技能大赛决赛的资格。由于成绩突出，祁峰被破格晋升为高级技师，成为张煤机公司最年轻的高级技师。

祁峰不敢怠慢，这次时间充裕，他开始全力备战全国决赛。白天在工厂里进行实操练习，晚上回家进行理论学习，认真地做准备。同年12月，祁峰乘坐火车来到了沈阳，作为河北省的一名车工选手参加由中华人民共和国劳动和社会保障部（现为中华人民共和国人力资源和社会保障部）及共青团中央主办的国家A级比赛——第三届"振兴杯"全国青年职业技能大赛决赛。

决赛有来自全国各省市及地区的30多个代表队参赛，可以说群英荟萃。祁峰这次有备而来，肩负着全厂乃至全省的希望。在

⊙ 2007年8月，祁峰在沧州参加第三届"振兴杯"全国青年职业技能大赛河北省车工比赛预赛时留影

⊙ 2007年12月，祁峰在沈阳参加第三届"振兴杯"全国青年职业技能
  大赛决赛时留影

比赛中祁峰按照之前在单位编排好的工艺顺序，一步一步、稳扎稳打、认真地进行加工。但意外出现了，在最后一个螺纹套去平面保总长尺寸的时候，车刀崩碎了，这一下子至少影响了8分的总成绩，祁峰十分懊恼，觉得自己还是准备不足，考虑不全，以至于很多年后还觉得特别遗憾。此后每次操作，祁峰都会仔细检查车刀，防止车刀再出现问题。

带着这样的遗憾，经过6个小时的实际操作，祁峰完成了所有零件加工，按时交了赛件，然后回到张家口，静候消息。

12月7日，第三届"振兴杯"全国青年职业技能大赛决赛结果如期发布，结果取前20名公布，祁峰的名字赫然出现在了第17位！祁峰感到欣喜不已，他觉得这一切都要感谢领导们和同事们的帮助。

12月中旬，祁峰又接到代表公司参加张家口市职工职业技能大赛车工比赛的任务，由于有了参加"振兴杯"比赛的经验，这次再进行赛前准备时，祁峰觉得轻松一些，需要加强练习。

每天车间的师傅们下班以后，祁峰才占用车床，进行实操练习。经过精心准备，祁峰在比赛中认真操作，按照步骤进行车削。可是祁峰还是犯了极大的错误。比赛的零件是三头蜗杆轴，最重要的拿分项就是三头蜗杆的各部分尺寸配分，其中外圆尺寸和中径尺寸最为关键。因为操作熟练，祁峰提前一个小时就完成了比赛，却在测量尺寸时发现蜗杆外圆尺寸偏大，所以想都没想就对零件进行车削，结果把这个外圆尺寸直接车废，导致没分。而且没想到的是蜗杆外圆尺寸小了，相应的三头蜗杆的三个中径尺寸都会变大，可以说是画蛇添足的一次车削，直接影响了四个尺寸的分数。这一次教训也让祁峰至今仍时刻提醒自己，做什么工作前都一定要细致考虑，不能盲目操作。虽然出现了一些纰漏，但最后的结果还是不错的，祁峰在张家口市2007·职工职业技能大赛中取得车工比赛第二名的成绩，荣获"技术能手"称号。

第三章　潜心修炼，玉汝于成

扫码解锁

◉群英颂歌◉责任担当
◉磨砺技术◉奋斗底色

成为数控车床车工

在大大小小比赛中取得了名次之后，车间里的师傅们都对祁峰这个年轻人刮目相看了，大家时常表扬他勤学苦练、踏实肯干，说祁峰没有给工具车间丢脸，工具车间"技术好"的传承没有丢。在工厂里，好事儿是会出门的，大家都打心底里敬佩技术好的同事，也从不吝啬对祁峰的赞美。久而久之，祁峰的名字被越来越多的人熟知。

在一次上班的路上，祁峰遇到了负责党务的郭书记，郭书记人很好，没有领导架子，对大家一视同仁。祁峰和郭书记闲聊时，郭书记问："小祁，你技术这么好，在厂里面有口皆碑，你有没有考虑过向组织靠拢，追求进步，实现人生更大的价值呢？人啊，碌碌无为是一辈子，为理想奋斗也是一辈子，为什么不去追求梦想，实现自己的信仰呢？"对于当时一心钻研技术的祁峰来说，一心只想干好自己手头儿的活儿，郭书记的话祁峰便没有多想。

2006年，公司大面积地进行设备更新、厂房改造、技术升级，祁峰所在的工具车间也不例外。厂房改造，最重要的是购买了3台数控车床。祁峰听到这个消息后十分兴奋。数控车床在加工技术上要比普通车床更加优秀，在加工精度和自动化程度上也比普通车床更高。最重要的是，数控车床是由计算机系统操作，这意味着操作数控车床会节省许多人力。祁峰做梦都想用数控车床加工零件，但是，祁峰当时在学校学的是操作普通车床，他没有操作数控车床的经验，对他来说，操作数控车床是个未涉足过的领域。

2006年7月，车间计划派人去宝鸡机床厂验收数控车床CBK63，厂家会进行免费培训。鉴于祁峰对数控车床兴趣浓厚，领导们给了祁峰一个机会，让他去完成这个任务。祁峰非常期待，第一次去异地学习，也是第一次到机床厂学习，他激动不已，觉得这是厂里给自己的一次宝贵的学习机会！

结果，验收设备时，祁峰只能够理解一些精度问题，涉及数控车床的操作，他就一头雾水了。祁峰的心一下子就凉了，这样回去以后可怎么办呀！自己既没办法交差又不会操作数控车床，怎么办呢？祁峰愁了，也有点儿想退缩。但是他明白，机械加工数控化绝对是未来发展的趋势，未来迟早要变成数控加工的时代。就像当时一位老师傅说的那样，不论干什么工作，一定要与时俱进，懂得创新才是硬道理。就这样，祁峰结束了为期一周的设备验收工作，回到了家。

回来后，祁峰马上请教了单位操作数控车床的师傅一些技术上的问题，买了数控操作方面的书籍进行学习，努力使自己适应数控操作，适应未来的数字化发展。到了10月，数控车床CBK63送到了车间，跟着设备一起来的还有一名机床厂的调试员，调试员特别客气，他告诉祁峰，这台设备的操作系统是西门子802D，他自己也没有操作过，大家可以一起学习。就这样，祁峰和设备调试员进行了为期三天的学习。三天里，调试员给他讲了很多，从简单的操作到子程序的应用，从螺纹的加工到圆弧的形成，从绝对坐标到相对坐标……

可以说，从那时起，祁峰开始从一名普通车工向数控车工转变了。三天很快就过去了，但是祁峰感觉自己只学到一些皮毛，离真正的数控车工还差得很远，没有办法，他只能靠自己。回家以后，祁峰复印了一份机床说明书，从此每天晚上在家认真学习，白天上班时就进行实际加工测试。学习操作数控车床，最重要的是学会计算机操作系统，这样才能自己编程。祁峰对于计算机操作实在是谈不上精通，更别提什么复杂的计算机语言了。面对复杂又精细的计算机知识，祁峰曾经数次想要放弃。当时，祁峰已经结婚四年了，儿子祁帅良刚刚出生，他心疼照顾孩子的妻子白晓霞，有意识将重心放在家庭上，他曾念叨着，索性当个普通车工也好。在这时，妻子就鼓励他："你不是说操作数控车床是你的梦想吗？现在机会就摆在你面前，难道你要眼睁睁地放弃吗？数控技术是一个全新的挑战，但我相信你能学会！"祁峰听了妻子的鼓励，心里也涌出一股不服输的劲儿来，不就是计算机系统吗？学，我就不信学不会！于是祁峰开始了不眠不休的学习，他比以前更加勤学好问，常常向数控车工请教，有时一研究就是一整天。祁峰有时问车工师傅："我这么频繁地来请教，不会打扰您吧？"车工师傅说："你这是什么话，帮助同事是应该的，况且我是党员，在工作之余指点你一二，这实在是微不足道，你有什么问题尽管问好了。"祁峰很感动，也就是这句话，在祁峰心里埋下了一颗想成为共产党员的种子。

为了保护设备，祁峰找来了木头、尼龙棒等材料进行加工测试和程序验证。大约用了一个月的时间，祁峰终于学会了如何操作数控机床，他编制了30多种零件的程序，并通过了实际加工验证。从那之后，祁峰真正地成了一名数控车床操作工，开始了自己人生的又一阶段。

人不论做什么工作，从事什么行业，每一次的改变都是了解自己、提升自己的过程。从操作数控车床开始，祁峰也慢慢发现自己在知识储备上的不足，为了更好地充实自己，祁峰取得了河北工业大学函授大专毕业证书，又在武汉理工大学进行学习，取得了武汉理工大学本科学历证书。

2007年8月，祁峰所在的张煤机公司成立了工人技师协会，这是中央企业中最早成立的技师协会。协会聚集了公司各个工种和岗位的439名技师，为推动公司技术创新、提高企业竞争力发挥了重要作用，开创了国内同行业"蓝领"人才培养的新路径。协会每年都会发动技师协会的会员利用群体技术优势，围绕解决生产关键难题、降低成本、提高效率、创造经济效益等目标开展技术创新项目活动。祁峰被邀请加入了协会，每年在协会的领导下，会员会进行技师项目立项，祁峰也强制自己每年至少申报一项项目，然后有针对性地进行项目改进。

协会的成立无疑促进了厂里的技术革新，也因此各个技师在工作中有了更为清晰的目标，有了更多的创新活力与干劲儿，这对于公司推动创新、培养新人起到了巨大的帮助作用。祁峰在与协会会员一起工作中也体会到了团队协作的好处，祁峰明白，众人的力量拧成一股绳比单打独斗更有力。

"优秀技师"的攻坚克难

2006年，车间承揽了一批零件钢套的加工任务，总共500件。零件的特点是内外都有螺纹，内螺纹型号是M20，外螺纹是"四不像"，祁峰怎么看怎么觉得陌生。零件还有梯形螺纹的牙底，三角螺纹的牙顶，是里边、外边全是螺丝的一种产品。祁峰觉得这件产品形状非常奇怪，就像医生遇到疑难杂症一般，祁峰有点儿看不懂。加工零件涉及的技术都要求得特别严格，虽然可以用一次装夹完成所有的加工，但是这样加工效率极低，一天下来，最多加工10件，而这次任务的工期又紧，就算是车间所有人一起出动，似乎也不能在规定时间内完成任务。祁峰作为普通车床的操作工，非常苦恼。生产效率低是目前最大的问题，没办法提高生产效率就没办法在规定日期交工，那种感觉像是被一块年糕堵住了嗓子，上不来下不去真是难受，怎么办呢？

祁峰只好先搬救兵，请教老师傅、请教技术人员。大家给出的方法也不是很理想，虽然对比之前的加工方法有所改善，但是效率还是不够高。下班回到家，祁峰仍然在琢磨着怎么提高产量，怎么提高质量。他翻开了金属加工切削手册、车工工艺等相关书籍，看了一宿后，心中有了想法。

第二天，祁峰抱着试一试的想法，做了个辅助加工的胎具，结果算不上成功，零件倒是可以加工出来，但由于加工切削力的原因，胎具卸不下来了。这可不行，总不能每做一个零件就做一个胎具吧，难道交工的时候把加工胎具也给客户吗？又经过一番思考后，祁峰在中间加了个拆卸套，就很好地解决了问题，一下子将加工效率提高了6倍以上，实现了一把车刀既可以加工外径又可以加工螺纹。

改革此套夹具使祁峰获得了公司2006年度技术革新项目奖。此种胎具具有推广性，在此后的工作中祁峰也多次应用。祁峰忽然感觉，这种发明创造会给他带来一种初为父母般的激动与喜悦！加工胎具这事儿虽小，却是祁峰多年加工经验的具象展现，人们总是说经验是一种武器，是一种推动创新的力量，祁峰这才切切实实感受到了。

这天晚上，祁峰结束工作回到家中。儿子说："今天老师教给同学们一首歌叫《没有共产党就没有新中国》。"祁峰笑着说："不光是你，爸爸也学过这首歌啊！"祁峰年幼时只听得出铿锵有力的曲调，却不明白歌词背后的深刻含义。长大之后，祁峰一直在研究技术，对于自己思想层面的问题一直没有考虑，妻子倒是提过一次，让他在思想上积极要求进步。那天妻子在家问："你们单位每年不发展党员吗？你有没有考虑过这事儿？"祁峰说："咱是工人，工人的任务就是钻研技术，争取能给单位排忧解难。入党？我还真没想过。"妻子说："这你就不对了，入党能更好地为人民服务。你看报纸上报道的劳动模范、先进工作者，他们大多是党员呢！"祁峰想到，厂里会操控数控机床的师傅就是党员，他以身作则，无私地教自己操作数控机床的技术，祁峰很感激他。祁峰也想成为一名党员。

2007年9月，工厂接到了加工产品堵盖的任务，工件是尼龙材料的，零件壁厚为1毫米，在加工过程中稍不注意尼龙件就会直接毁坏，成为废品。因此，如何控制零件精度成了加工过程中的难点。祁峰想，完成这项工作不难，但是有可能出现很多废品，那岂不是对资源的浪费？再说，数控机床的出现不正可以提高操作的精准度吗？祁峰苦思冥想，他觉得加工尼龙材料的零件，不能套用以往的加工经验，应该为这种材质的零件量身定制一个参数。经过认真琢磨和一次次实测，祁峰利用现有的锋钢刀具，合理刃磨角度，调整切削速度、进给量和切削参数后，以100%的产品合格率完成了加工任务。这种加工方法至今还在数控车床上应用。

同年10月，祁峰在数控车床CBK63上加工产品薄基体。这个零件的外圆直径为360毫米，内孔直径为195毫米，厚度尺寸只有4毫米，加工完两个平面都要粘上摩擦材料。所以说，这个加工任务对薄基体的平面度、垂直度、平行度要求较高。在实际加工时，因为材料硬度偏高，虽然有专门的胎具，但是依然会出现零件平行度、垂直度、平面度超差的情况，甚至导致零件报废。因此，祁峰将这个加工难题作为一个攻关项目来做。

经过多次加工试验，祁峰最后采用Z轴坐标不动，只在X轴方向重复、正反车削同一平面的加工方法，合理调整液压卡盘的压力，很好地解决了薄盘（板）类零件易变形、精度不好控制、在数控液压卡盘上无法加工的问题，也保证了零件的平行度、平面度和垂直度等技术要求。此项目被公司技师协会评为"2007年度优秀技术改进项目"，祁峰也被公司评为年度"优秀技师"。

郭书记又一次找到祁峰，问："小祁，上次咱们俩说的事儿你考虑得怎么样了？如果有意愿的话，就抓紧时间写个入党申请书交上来。"祁峰明白了郭书记的意思是党组织欢迎他加入，祁峰的脸一下子就红了，一时间不知道说什么。郭书记也没有再说，笑着走了。那天下班后，祁峰找了好几本有关党史的书籍拿回家看，准备尽快写好入党申请书，早日交给党组织。也是从那时起，祁峰开始系统了解中国共产党筚路蓝缕的创业之路，积极主动向党组织靠拢。

厚积薄发，勇攀高峰

在祁峰的工作中，他深深地体会到了如果自己没有在技校努力学习，他不可能在厂子里进步飞快；如果不是在参加工作之初潜心钻研技术，他也不可能进行技术改进和发明。

2008年4月，由于产品加工结构调整，分厂产品蜗杆在数控车床上进行加工。说起车蜗杆，祁峰一点儿都不陌生，如果在普通车床加工，对于他来说得心应手，但在数控车床加工，说实话祁峰没想到过，单位里也没有见到过，只是听说过小螺距的梯形或者矩形螺纹加工可以采用直进法完成。此次加工的蜗杆线数为3（线数是蜗杆表面与蜗轮接触的齿数），深度为11毫米，是多线蜗杆，采用直进法根本行不通，如果采用斜进法，可以试一试。

于是，祁峰开始刃磨蜗杆车刀，在数控车床上进行加工试验，没想到这一试就是整整10天。最后，祁峰不仅没有成功，还弄坏了好几把蜗杆车刀。祁峰有点儿沮丧，也有点儿心痛，一次次试验又一次次失败给了他不小的打击。祁峰回到家也一直在琢磨这事儿，怎样才能成功解决这个难题呢？翻资料、查书籍都没有结果，祁峰确实有点儿无从下手。这可怎么办？忽然，祁峰想起来之前的某一次操作采用了多刀并举的方法，这种方法正适合多线蜗杆，只需要找好起刀点，问题就可能迎刃而解。顺着这个思路，祁峰开始编制新的加工工艺程序。

转眼新的试验开始，祁峰刃磨了4把刀具，计算尺寸后，开始切削。他怀着紧张的心情，看着切屑一片片落下，看着蜗杆逐渐成形，心里终于有了底，知道加工工艺方向没有错，他便开始了更加精细的编程工作。就这样，祁峰在数控车床实现了多头蜗杆的加工，而且解决了大螺距多头螺纹在数控车床上不好加工的重大难题，效率较普通车床提高2.5倍以上，降低了工人的劳动强度，提高了产品质量，实现年经济效益48万元。祁峰终于意识到，虽然现在他是数控车工，但是过往的每一次加工都是一种积累，成功从来不是一蹴而就的，而是积少成多。后来此项目被公司评为2008年度技术革新六等奖，此种加工方法撰写成的论文

《简式数控车床车削多头蜗杆方法》，于2011年1月在《金属加工》上发表。2012年，此项目被评为"河北省十佳职工先进操作法"，并且在数控车床加工大螺距螺纹中得到推广。

2008年10月，需要用数控车床加工一批顶杆，一共800件。这批顶杆形状都一样，而且有一个共同点，在一端的中心处都有一个长25毫米，型号为M12的内螺纹需要加工，这也恰恰成为数控车床加工的难点。因为在数控车床上加工，要用内螺纹车刀，而内孔只有10.3毫米，长度25毫米，刀杆刚性很难保证，如果出现失误就会导致零件报废。如果用丝锥攻丝，液压尾座的压力不好控制，一样容易出现废品。如何在解决加工难点的同时，还能保证产品质量、提高加工效率，成为当时的难题。

祁峰首先采用车削的方法，没有合适的刀杆，但也不能不试试。他磨了一把锋钢内螺纹车刀，专心致志地注视着车床的动作，结果一上去加工，还没有车一半，啪的一声，刀杆齐刷刷地断裂了。这可愁坏了祁峰，没有合适的刀具该怎么办呢？购买刀具厂的刀杆时间又来不及。祁峰又试着采用丝锥攻丝，需要解决的是尾座压力的控制问题，压力是可以调整的，祁峰开始尝试，结果第一下就把M12的丝锥顶断了，一时间，祁峰有点儿泄气，但是也不能放弃不是？既然接了这个活儿，就得认真做好。祁峰想，只要中心与机床基准重合就可以了，那么能不能自己做一个刀具，用组合的方法解决这个问题？

接着他开始尝试绘图，并自己在车床进行加工，制作了一套数控车床攻内螺纹的工具。在内螺纹切削过程中，刀架不动，丝锥自动进给，在加工深度足够时，只需打反车，丝锥可自动退出，丝锥不会被拉断，生产效率高。祁峰成功解决了这个加工难题，让生产效率提高了2倍以上，在数控车床实际应用当中效果显著，并且这项技术使工人在数控车床上加工此类小直径（公称直径在M16以下）的内螺纹再不成问题了。此项目创造了经济价值10万元，被公司技师协会评为"2008年度优秀项目"，"公司年度技术革新六等奖"，又于2011年4月获得国家实用新型专利授权，荣获2012年度全国煤炭系统职工技术创新成果三等奖。

第三次遇到郭书记时，祁峰主动和郭书记谈起了入党的事儿。郭书记惊讶于祁峰在谈吐上、思想上的转变，感叹道："真是士别三日当刮目相看啊！"祁峰很感谢郭书记在思想上给他的指引和培养，他知道郭书记一直在关注他，是他入党的引路人。经过一段时间的学习和培训，祁峰的政治觉悟逐步提高，对自己的要求比以前更加严格了。2009年9月29日，祁峰光荣地加入了中国共产党，成为千万党员中的一分子。

⊙ 2017年10月，祁峰（中）在集团公司党建部学习讨论党的十九大报告时留影

⊙ 2017年10月，祁峰在石家庄参加党的十九大代表培训时留影

第四章　大师之路，发明创造

扫码解锁

◎群英颂歌◎责任担当
◎磨砺技术◎奋斗底色

开动脑筋，改进工艺

一、丝杠掉头

2010年2月，车间里一台从日本进口的龙门刨床的丝杠发生弯曲，严重影响加工精度。精度是产品合格的重要标准之一，精度精确与否是评价技工技术水平高低的关键，如果无法保证精度，那产品的合格就无从谈起。况且，这台设备主要负责的是公司各类模块的加工，如果长时间停产，将严重影响公司关键产品的加工和整机出产。祁峰知道，这台龙门刨床是20世纪70年代生产的，已有近四十年的历史了。即便和生产厂家联系，也不能保证一定能解决问题，况且厂家远在日本，沟通需要过程，会花费许多时间，俗话说"远水解不了近渴"。若在国内购买一个新丝杠，倒是可以，但是也得等好长时间。车间的工作一日不能停，因此解决这个问题要从速，这可让车间的人费了脑筋。

祁峰的岗位正好就在此台设备的边上，领导问祁峰："祁师傅，你有没有发现这丝杠的问题？"祁峰说："我也是前一阵发现的，丝杠的弯曲度不大。但就这一点点的弯曲，也足以影响加工精度。"领导说："祁师傅，你能不能研究一下这根丝杠，改变一下丝杠配合，加工一下，看看能不能修复。"祁峰心想，往常丝杠发生弯曲，大多数情况都是换一根新的，这确实有点儿浪费。丝杠用久了会弯曲是行业内部都知道的，如果能够解决这个问题，岂不是可以省下一大笔钱？祁峰马上开始动手，经过测量发现，丝杠经常磨损的部位，已经亏了很多尺寸，改变丝杠配合，加工丝杠根本不可取。

后来，祁峰找到经常使用丝杠的师傅询问："师傅，这丝杠为什么只磨损了头部这一节呢？"师傅说："你别看丝杠比较长，使用的时候基本就只用头部这个位置，其他部分在加工时是用不到的，所以也只磨损这个位置。"祁峰想，丝杠的两头并无差别，可不可以把丝杠掉个头，用另一头加工？祁峰随后进行了测量，提出让丝杠掉头继续使用，这样既可以避开磨损部位，又能保证丝杠继续使用，什么都不耽误。领导听说祁峰解决了这个难题，专程来车间表扬祁峰。领导说："祁师傅既聪明又有经验，看来我们平常干活儿的时候不能总是埋头苦干，还得抽时间多思考。丝杠掉头这个办法非常简便，但为什么只有祁师傅想到了呢？显然是他勤于思考。孔子曾说'学而不思则罔，思而不学则殆'，我们要牢记这个道理啊。"随后车间里响起一片掌声，祁峰受到表扬，有点儿不好意思。他说："领导，不光是我在思考，车间里的师傅也给了我启发，这是大家的功劳。"这个提议被采纳以后，既不改变丝杠使用精度，也没有因丝杠掉头影响加工精度，还为车间节约购买进口丝杠费用至少5万元。

二、改进1XJ06-1薄摩擦片加工方案

在数控车床上精加工1XJ06-1薄摩擦片是车间经常接到的任务。单纯的加工不难，很好做，只是需要各个车间配合。薄摩擦片虽然不大，却凝结着不止一个车间、一位工人勤劳的汗水。最初的加工工艺是先由工具车间将薄摩擦片加工成型，并保证平面度误差不多于0.2毫米，然后将薄摩擦片转由热处理车间做喷丸加工处理。喷丸加工也叫喷丸强化，是将弹丸高速喷射到零件表面，弹丸会在零件表面留下小小的压痕和凹陷，这样就对金属进行了拉伸。无数的凹陷重叠在零件表面形成一个压力层，可以显著提高零件的使用寿命。喷丸后再将薄摩擦片传回工具车间由钳工进行调平。然后外制，外制回来后再由工具车间车加工摩擦材料两平面，保证零件整体的平行度及平面度。薄摩擦片的加工涉及的这几道工序缺一不可，这也非常考验各个车间师傅之间的配合，每一道工序都要精益求精，需要

师傅们之间多交流，以便高质、高效地完成任务。

　　但在实际工作中，零件喷丸后会发生严重的变形，即使钳工调平后也不能保证达到技术要求，并且许多零件外制回来后依然变形严重，零件只能报废，给公司带来很大的经济损失，也给生产带来许多麻烦。祁峰看到外制回来的薄摩擦片很是头痛，长此以往，报废率太高了，这么多零件报废是对资源的浪费。祁峰决心想个办法，争取避免零件变形，提高薄摩擦片的加工合格率。祁峰心想，加工工序都是固定的，第一道加工成型的工序肯定不能变，这是给零件塑形的基础工序。问题就出在喷丸上，只要喷丸，零件就肯定变形。那能不能改进一下喷丸的方法呢？祁峰去咨询了喷丸的师傅。但是，喷丸的师傅表示，喷丸的工序也是固定的，几乎没有改进的空间。祁峰想试着改进喷丸工序，可这是热处理车间的工作，祁峰不熟悉，试了几次后依旧没有解决问题。祁峰又开始思考，既然变形是喷丸导致的，那不喷丸不就可以避免变形了吗？但是不喷丸怎么提高零件的疲劳强度和耐磨性呢？经过长时间的思考、分析和实验，祁峰终于找到了答案：数控车床在车加工薄摩擦片4毫米尺寸时，车刀为45度车刀，并且在原来加工方法不变的基础上，增加一道车刀从中心向外缘处加工的程序，但实际每转进给量和车刀从外缘向中心处加工不一样，而且为奇数，这样两

⊙ 2010年6月，祁峰在车床装夹薄摩擦片时留影

次走刀量绝对不会重合，可以在零件端面上形成两个不同螺距的盘形螺纹，互相交错，限制正反两方向的离心力。按这种方式，车加工后不用调平，不用喷丸，外制回来后也不用车加工零件两平面。

经实际验证，此方法可以在实现零件技术要求的前提下，减少1次转运、3道工序。"薄摩擦片加工工艺改进"项目保证了薄摩擦片的平面度、平行度、垂直度，每年节约费用6万元。该项目获公司技师协会"2011年度优秀技术改进项目"，2013年又被评为"河北省质量管理优秀成果"。

三、改进加工工艺，利己利他

2013年，张煤机公司的主要产品是减速器，每年要生产各类型的减速器400多台。销轴是减速器的主要零件，每台减速器需要装配销轴3件，每年需要生产销轴1200多件。原来的加工工艺为下料—调质—车—磨—钳。祁峰了解到，其中的磨削工序特别费时费力，效率特别低，每班次只能加工15个销轴，而且劳动强度特别大。最重要的是，磨削没有完成时，后面的钳工就要一直等着，这样非常浪费时间。祁峰想，能不能改进加工顺序，把磨削这个慢工放到最后呢？但是仅仅做出这种工序上的改变还不够，还要提高磨削速度才行。祁峰在仔细观察了销轴之后，发现销轴上有型号为M16的内螺纹，看着这个螺纹，

⊙ 2013年5月，祁峰工作时留影

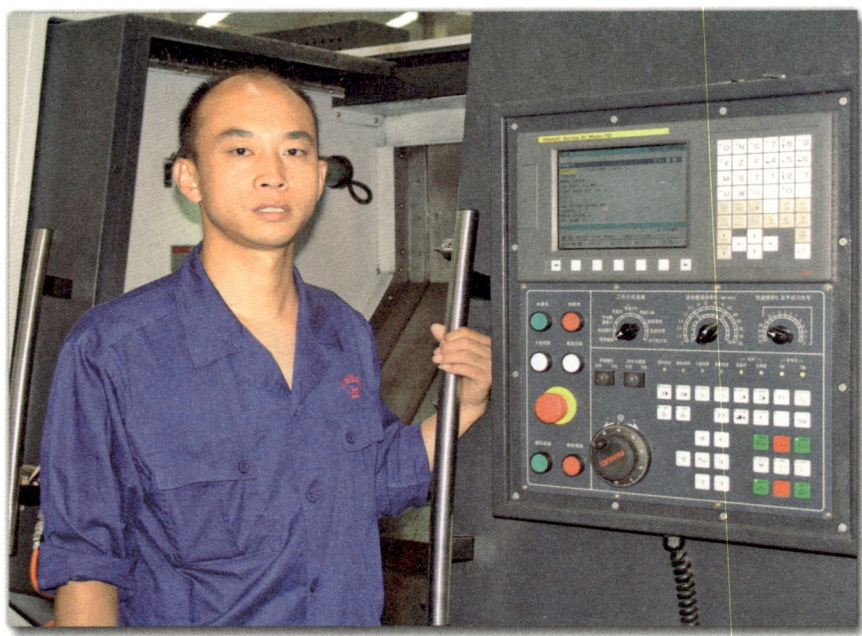

⊙ 2013年8月，祁峰在数控车床前留影

祁峰心里有了主意。要是能做出一个加工胎具，正好镶嵌在螺纹上，这样不就能提高效率了吗？祁峰立刻进行了技术改进，将加工工艺改为：下料—调质—车—钳—磨，并设计制作一套销轴磨加工胎具。具体操作是应用零件中心处钳工钻削出M16的内螺纹，将胎具的M16外螺纹与零件中心旋合在一起，而后在磨削加工时采用一夹一顶的装夹方法，只装夹一次就能完成零件外圆的全部加工。为了便于装卸，祁峰在胎具装夹卡位与螺纹连接处增加了一个快速装卸垫圈，依靠垫圈两平面的摩擦力锁紧和放松零件。

经过实践，此套销轴磨加工胎具非常实用，将传统的两顶加工零件改为一夹一顶，装夹一次即可完成所有工作，大大降低了职工的劳动强度，提高了3倍以上的效率，并且此胎具现在已经应用到大部分类似零件的加工中，实现年经济收益19万余元。2013年，该项工艺被评为中国中煤能源集团有限公司优秀"五小"科技成果三等奖。

四、镶块模具数控加工工艺

2016年，祁峰发现外形为长条形的镶块模具热处理后外形和型腔均变形严重（最多超差3毫米以上，设计要求不能超过0.3毫米），无法使用，需重新加工模腔。这类重复加工成本极高。祁峰心想，这会不会还是因为加工顺序有不合理的地方

⊙ 2016年5月，祁峰在生产现场查看设备情况时留影

⊙ 2016年10月，祁峰（右）测量零件尺寸时留影

呢？祁峰亲自进行了数次加工，他发现，原有的加工程序是将镶块模具粗加工、精加工后再进行热处理，热处理的高温必然会使模具发生形变，这样就使之前的精加工变成了无用功。祁峰在实验后决定，在粗加工环节留好提前量，然后进行热处理，让模具热胀之后改变的尺寸更加合理，之后再进行精加工，这样应该就可以避免模具严重变形。在经过多次讨论、试验后，祁峰制订了一套新的模具型腔的加工工艺方案：粗加工、热处理、精加工、修磨、抛光。模具型腔粗加工时，各尺寸留量5毫米，然后直接进行热处理，之后再进行模具型腔的精加工，这样有效地保证了型腔的尺寸。这种加工方案解决了热处理后模具外形和型腔变形严重的问题，避免了模腔重复加工，全年共节约生产成本22.5万元。"镶块模具数控加工工艺"2017年获中煤集团双创优秀推广成果奖。

祁峰后来想，以往的加工处理方法虽然是前辈们经验的总和，但是市场对零件的要求一直在改变，科技也一直在进步，这就需要工人师傅们开动脑筋，打开思路，不要避讳推翻以往的经验，要以产品质量为底线，以生产效率为准绳，不断地改进工艺技术，这样才能顺应时代的变革。

发明创造，普惠大众

　　在完成几次工艺改进项目之后，同事们都夸祁峰聪明，脑子转得快。有一次在食堂吃饭，祁峰端着饭盒打饭时听到了几名同事在聊天。一名同事说："你们知道吗？就工具车间的那个车工祁峰，他可厉害啦！"另一名同事说："那我能不知道吗？就咱们现在用的加工胎具，有好多都是他鼓捣出来的，这人可了不得。"这时，一名年纪稍大的师傅走过来说："我当你们在背后说谁呢，原来是在夸人。祁峰我熟悉啊，那会儿他要参加比赛，我还指点过他呢。他的学习态度可太好了，我都没见过那么好学的人。"听到这些话，祁峰既不会沾沾自喜，也不会去和他们攀谈，只是低头快步走过，尽量别让人发现自己。祁峰觉得自己名不副实，他想，自己现在不过是在工艺上做了一些微不足道的改进，或是制作了一些辅助加工的小玩意儿，实在是担不起这么高的评价。他常常暗暗思考该如何进行一些发明创造，让生产、生活真正地发生有益的改变。

　　2014年，领导们召开了一次工作会议。在会议上，领导说："师傅们，目前我们单位蒸蒸日上，大家各司其职，努力奋进，新老员工交接、相处也十分顺利，可这并不意味着我们可以安于现状。科技的发展日新月异，时代的车轮滚滚向前，我们应该督促自己不断地进步和创新。"祁峰对领导的话深感赞同，觉得应该督促自己再勤奋一些，再细心一些，对手头现有的工作进行一些有益的改进。往小了说，这会提升自己的职业荣誉感；往大了说，这能提升全厂的效益。很快，祁峰就注意到弹簧组件的装配。

祁峰发现，摩擦限矩器所属零部件弹簧组件在装配过程中，压簧胎具的动力源为胎具左、右两根丝杠，需要操作者旋转两根丝杠产生压力将弹簧压到所需尺寸，而后装入特制小卡簧，松开丝杠后便完成了装配。这样循环往复，一次只能压一组弹簧组件，而且还存在定位不准确、容易将特制小卡簧挤坏的情况。祁峰觉得这样效率太低，一次压一组，万一遇到紧急的加工任务，岂不是会耽误事儿？祁峰找到同事问："师傅，这个任务是不是经常要多个机器同时开工？"同事说："谁说不是呢，这个活儿就怕急，一旦订单量猛增，我们这边人手就不够，一次压一组，效率太低了！"

祁峰开始思考怎么提高效率，能不能设计出一种装置，可以一次装进多个弹簧组件，然后统一压出来？这样的装置倒是

⊙ 2014年4月，祁峰在数控车床上查看加工数据时留影

不难做，但是这样需要的压力会成倍增加，就不是简单的压簧胎具能够完成的了。在预设了多种方案后，祁峰决定使用液压千斤顶。

经过对限矩器各种类型弹簧组件进行分析，祁峰设计制作了一套专门用来压缩弹簧的预紧装置。此装置由规格为2t的液压千斤顶作为主要动力源，一次可压入3套弹簧组件。压入时，将3组弹簧组件的各种零部件分别放入上、下两块定位板中（上下两块定位板分别有定位孔以准确定位弹簧组件中的各个零件），而后由操作者操作千斤顶将弹簧压到所需尺寸，装入特制小卡簧，接着卸载千斤顶压力，卸载时，装置左、右两根导柱的缓冲弹簧将定位板恢复到起始位置，此时由操作者取下3组弹簧组件，往复循环。

该压簧器定位、卸载准确，有效保证了特制小卡簧达到100%完好率。经过实际使用，此套装置一次可压入3套弹簧组件，大大降低了劳动强度，提高了3倍的生产效率，且操作简单，定位功能准确，一直使用至今。"专用压缩弹簧预紧安装装置"获国家实用新型专利授权，被评为中国中煤能源集团有限公司优秀"五小"科技成果三等奖。

有了设计压簧器的成功经验，祁峰对自己的创新能力有了信心。他更加专注地投入研发工作中，把自己的这种工作称为

"查漏补缺"。大家听了之后说："祁师傅，你这明明应该叫'神兵利器'，用了你的发明，不但能提高效率，还能节省人力。"祁峰说："你们这是说哪里话，我既没有开创全新的加工方式，也没有发明新的车床，只是在原有的工作上进行一些改动，可担不起这个名声啊。"师傅们都知道祁峰为人谦虚谨慎，暗地里佩服他的能力。一想到搞发明能出成果，还能帮助大家解决实际问题，祁峰干活儿的时候精神头儿就更足了。

2015年，公司机电设备分厂液压油缸工段生产的接头、铰接接头、插座等零件多数为铣成外形、画线定孔位，再由车工在四爪单动卡盘找正加工而成。此过程中，车工找正费时费力，效率不高。领导找到祁峰说："祁师傅，现在厂里接到的接头和插座的单子比较多，在加工时很多车工反映效率太低，你有没有好办法？"祁峰说："这个问题我也注意到了，最近好多同事说过这件事儿，以往工作量不大，所以看不出什么，现在订单量上来了，效率低的负面影响就显现出来了。我思考一下，看看有没有解决办法。"祁峰用了几天时间研究这些零件，他总结出，这些零件的结构多为零件中间有台阶孔，并且另一侧还存在与其垂直的外圆或内孔，这样的话这些零件可以归为一类，尤其是他们还都是方形的。祁峰想，如果能制作一种特定卡盘以适应方形零件的生产，专盘专用，这样就能解决

⊙ 2015年4月，祁峰（中）与同事探讨加工方案时留影

⊙ 2015年5月，祁峰在车间调试车床时留影

定位准度的问题了。祁峰根据这一构想做了改进，他发现用三爪同时紧固工件，装夹定位效率高，因此祁峰利用三爪自定心原理，通过计算三爪之间的角度和爪间距离，设计制作了车床专用卡盘，实现了对正方形和长方形零件的装夹。最后祁峰对三爪的相对位置进行计算，以正方形为准，实现了对不同方形零件的加工。

"方形零件专用卡盘的制作"提供了一种方形工件的找正装置，通过设计制作车床（数控车床）专用卡盘，祁峰解决了方形零件中心部分的加工效率及产品质量问题。这种装置能够提高装夹效率、方形零件加工效率和方形零件产品质量，在车床加工上有创新的意义。目前，该装置已经应用到分厂的实际生产加工中，未来还有望将此卡盘推广应用到所有的机械加工中。此项目每年可为单位节约资金近30万元，实现了方形零件在数控车床三爪卡盘方便装夹的可能，提高了近3倍的生产效率。该项目被评为2013—2015年度中国中煤能源集团有限公司优秀"五小"科技成果三等奖，并在2017年取得国家实用新型专利授权。

身为中煤集团的员工，祁峰也有下煤矿的经历。工厂本身就有许多与煤矿对接的工作，祁峰也很乐意去煤矿与一线工人们交流。在一次下矿中，祁峰发现，煤矿高档普采工作面普遍采用人工操作单体液压支柱和千斤顶对工作面顶板进行支护，对刮板输送机进行移动。刮板输送机需要人工操作千斤顶完成移动，单体液压支柱回柱放顶的时候同样需要人工操作并搬运。祁峰和一位在煤矿工作的老师傅很熟，祁峰曾经问他："师傅，你们现在普采的这种工作方式并不便利吧。"老师傅说："谁说不是呢，有很多地方的高度连一米都不到，我们站都站不起来，一天下来，腰酸背痛，好多师傅的颈椎和腰椎都有问题。"说完，老师傅解开工服的扣子，祁峰看见了他裹得紧绷的护腰。祁峰仔细观察后发现，这种工作方式机械化程度低，工作效率低，而且工人操作时周围没有防护设施，安全性也低。

祁峰很心疼矿下的工人师傅们，他决定改进这种工作方式。改进方法也不是很难，那就是省去人工，直接实现生产机械化！祁峰设计出一种针对超薄煤层的推移装置，实现了机械化移动刮板输送机和支护顶板。它结构简单、操作简便，推移、移架、升柱、降柱等工序实现机械化操作后，大大减轻了矿下工人的劳动强度。刮板输送机的推移和本装置的前移及对顶板的支护等整个工作过程机械化，省去了大量的人工操作，工作效率高，安全性也高。装置试用后，祁峰再次下矿检查装置时，老师傅远远地看见祁峰，赶忙过来打招呼。祁峰问：

⊙ 2015年6月，祁峰清点当班工件时留影

⊙ 2015年7月，祁峰（左）与工段职工一起测量工件加工尺寸时留影

"师傅，现在工作强度是不是比以前低多了？"老师傅紧紧握住祁峰的手说："多亏了你发明的这个装置，还是机械化好啊，给我们免去了许多费力的工作，矿下的人都很感谢你！"

此项目取得了良好的社会效益，被黑龙江龙煤双鸭山矿业有限责任公司下属多个超薄煤层煤矿使用，受到矿方普遍好评。2017年，"一种超薄煤层普采工作面推移装置"获得国家实用新型专利授权，2018年获中国中煤能源集团有限公司优秀"五小"科技成果一等奖。

2019年，祁峰和下料组的一位工友一起吃饭，祁峰问："最近怎么样啊？感觉你们下料组的三个人都跟闷葫芦似的，平常也不出来散步，不到下班点儿都看不到人啊。"工友说："祁师傅你说笑了，有时候下班点儿也看不见人吧。"祁峰回忆了一下，因为下料组人少，只有三个人，大家对他们印象都很深，但最近确实发现他们都不常露面了。"今年订单量特别大，我们实在是腾不出手来，最忙的时候我们吃饭都是轮流去，实在是离不开工位啊。"工友接着说。祁峰知道今年下料组比较忙，但没想到忙到了这种程度，他问："怎么没给你们派几个人过去帮忙？"工友说："俗话说得好，远水解不了近渴。我们这一堆活儿还是得自己来干。"祁峰心想也是，不同工位的活儿熟悉起来有个过程，贸然调人过去也不是最好的办法。工友又说："祁师傅，都说你聪明，你有没有办法提高一下我们的加工效率啊？提一点儿我们就轻松一点儿。"祁峰想，他们三个人忙成这样确实太累了，自己应该想办法帮帮他们，他就答应了下来。

机电设备分厂液压油缸工段下料组主要负责整个机电设备分厂生产的液压缸、千斤顶、耦合器、限距器、润滑泵、阀体、接头以及各类工装、非煤产品的锯下料、火焰切割下料等工作。祁峰了解后发现，订单量大幅增长，以各类接头为例，仅2019年一年的生产数量就超过了4万件。由于人手少、数量大、品种多，在快产出、短周期、快节奏的生产形势下，怎样在现有的条件下提高生产效率，保证生产进度和质量，成了摆在实际工作面前的一道难题。

在工作之余，祁峰去了一趟下料组，三位工友在和祁峰说话的同时，手里还在干着活儿，他们说："祁师傅，你看我们这劳动强度实在是大，都来不及停下来好好和你说话。"祁峰观察了他们的工作情况，摸了摸锯床，他总结出症结在于锯床加工的自动化程度不高，全靠人工调整尺寸。为了缓解现有的问题，提高加工效率，保证生产周期，祁峰每天下班后都会去下料组帮忙，一来是帮助下料组赶一赶工作，另一方面，祁峰也想亲自体验这种锯床作业，以便更好地想出改进方法。

通过对锯床实际液压钳口进行专用工装分析，祁峰明白了最大的问题出在装夹这个步骤上。装夹每次只能装一件，如果能多装几件，效率一定会大大提高。祁峰觉得，目前用的这种夹具太老，做一个更大、更复杂一点儿的夹具应该就能解决问题了。祁峰立刻开始动手设计，他抛弃了之前线型夹具的设计思路，改线为面，在一个金属板上做出了平面化的新型夹具，将原来的一次装夹1件变为最多可装夹7件，在很大程度上提高了生产效率。

祁峰设计的"新型锯床棒料夹具"不但提高了生产效率，降低了工人的劳动强度，还可以用于同类型锯床，能有效解决操作工不足的问题，极具推广价值。该项目于2020年获得国家实用新型专利授权和2020年中国中煤能源集团有限公司优秀"五小"科技成果三等奖。

无独有偶，在一次工作中，祁峰偶然发现，在加工薄基体工作中会产生较多的次品和废品。本着对工作负责的原则，祁峰仔细考察了薄基体的加工工艺。他利用业余时间观察了许多同事加工薄基体的过程，思考了这项工作的难度和关隘。

在传统摩擦限矩器中，薄基体是一种典型的薄盘类工件，它本身是圆盘形，厚度很薄，容易变形，对精度要求较高。尤其是粘贴摩擦片的平面，对平行度要求较高，对于现有的加工方法来说有一定的加工难度。另外，由于操作者的技术水平高低不一，仅从要求技术上来讲是很难达到加工要求的，难免产生次品甚至废品。这样一来，必然会造成经济上的损失。

祁峰心想，普通车床是人在操作，对于这种精确度较高的工作，人操作难免会出现失误，交给机器来做岂不是更合适？经过反复考虑，祁峰将加工方式由普通车床加工改为数控车床加工。加工方式改变了，紧跟着具体的操作也要更新。为了解决传统的薄基体加工过程中工件变形、端面平行度达不到设计要求、加工效率低等问题，祁峰结合数控机床的加工性能，设计了一种数控车床精加工薄盘类工件的胎具，可以使数控车床加工薄基体变得容易，减少工件变形，大幅提高工作效率，有效保证了加工精度，尤其可以满足精加工薄盘类工件的各项技术要求，所以此设计对于加工薄盘类工件具有很好的推广应用价值。

祁峰设计的"一种数控车床精加工薄盘类工件的胎具"保证了薄盘类零件在数控车床上的精加工质量。该成果于2020年取得国家实用新型专利授权，2021年荣获中国中煤能源集团有限公司优秀"五小"科技成果三等奖。

成立工作室，领衔创新

2012年4月，领导找到祁峰说："祁师傅，你现在是厂里面的名人了，谁见了你都要夸夸你，咱们单位能有你这样的好员工，我们与有荣焉啊。"祁峰谦虚地说："您过奖了，我只是做了一些小活儿，脑子里总有一些想法，就付诸实践了。"领导接着说："祁师傅，俗话说'授人以鱼不如授人以渔'，你想不想把你的创新经历和想法更广泛、更深入地宣传一下呢？"祁峰说："领导，您这么说肯定是组织上有想法了，您说需要我干什么吧。"领导笑了，接着说："谁说祁师傅只会埋头干活儿，这不是既聪明又幽默嘛。是这样的，厂里要成立一个创新工作室，我们商量了一下，准备让你当工作室的带头人。"祁峰心里一惊，他确实听说了厂里准备成立工作室，他还想着如果自己能加入就好了，原本他以为这次领导找他谈话是关心他的生活，没想到竟是让他当工作室的带头人！祁峰说："领导，我还年轻，感觉压力有点儿大。"领导说："没有压力哪里来的动力！你有技术，口碑又好，要是让别人来当这个创新工作室带头人，我还怕同事们不答应呢！"话说到这份儿上了，祁峰也就答应下来了，他向领导保证，一定不辜负大家的期望，争取多出成果！

工作室成立之后，祁峰感觉自己肩上的担子又沉了一些。以往他一个人单打独斗，有成果固然好，没成果也不担心。现在带领一整个团队，祁峰感觉到责任在肩上的那种紧迫感和使命感，但他是不会放弃的，压力越大，他的动力就越大。在祁峰的带动下，工作室将开门的第一项任务定在了修复数控车床CBK6763上。

工具车间的数控车床CBK6763是一台简式数控车床，于2006年12月购入，在实际使用中，经常出现所加工的零件严重超差的情况，少的时候有零点几毫米，多的时候可达5到10毫米。车间多次与厂方协商，一直没有进展，本单位维修人员多次维修检查也都没有达到预想的结果，最后只能闲置在车间，并且准备在搬迁新厂区后不再使用此台设备。别人认为这台车床要被废弃了，祁峰却不这样认为。自从成为数控车床车工以来，祁峰对数控车床就有一种特殊的情感，他喜欢这种数字化、科技化的设备，觉得每一台数控车床都有自己的使命，虽然CBK6763只是一台简式数控车床，但祁峰一直在思考如何修复它。

自2012年以来，车间生产任务增加，为解决生产设备不足的问题，工作室成员主动提出修复此台设备，由祁峰主要负责。祁峰难掩心中的喜悦，修复数控车床是一个大工程，以往他就是有再多的想法，受限于人力也很难实践，如今有了这么多帮手，他对完成这个任务充满信心！

工作室12名成员对此台设备进行了针对性的检查，大家发现主要有两个问题严重影响本台数控车床的工作。

第一，X轴在Z向和X向两个方向出现严重的重复定位误差，这对数控设备来说是致命的问题。

第二，液压尾座的液压系统有严重的设计缺陷，导致尾座不能正常工作。

找到问题后，祁峰他们大刀阔斧地制订了整修计划。在征求分厂领导同意后，众人大胆地将转轮刀塔进行了拆卸。他们发现刀塔的部分定位设计存在严重缺陷，导致刀塔不能正常工作。在经过严格验证和比对以后，祁峰提出，在CBK6763数控车床中滑板与转轮刀塔连接部分增加锥销连接，并在连接处增加螺钉的数量，结果非常理想地解决了X轴出现的双向重复定位误差。

针对第二个问题，众人思考，液压系统既然有先天的设计缺陷，那么就干脆放弃自动操作，改为手动操作。虽然这样不符合数控车床的设计初衷，但是众人的目标是修好它，让它正常工作，达成这个目标是第一诉求。在祁峰的指导下，众人绘制了详细的尾座构造图纸，加工出合适的丝杠、丝母、手轮等多个零件，随后利用现有的设备对尾座进行修复。修复后，尾座不仅可以实现原来的功能，而且还可以实现钻孔、攻丝等原来不具备的功能，非常实用。

终于，数控车床CBK6763在沉寂多年后，开始进行新一轮的实际应用测试。当时车间里聚集了许多同事，大家都好奇这台老旧的数控车床到底能不能焕发"第二春"。有人在感叹工作室众人的巨大工作量，有人在反推他们的修复思路，有人在计算如果修好了这台数控机床单位能省下多少钱……在众人的屏息凝神中，数控机床CBK6763工作正常平稳，没有出现零件严重超差、尾座不能顶持零件等问题。加工完第一个零件后，祁峰拿着这个零件给众人查看。一时间，车间里爆发出一阵经久不衰的掌声。

现如今，数控车床CBK6763还作为车间内的主力设备使用，工作室为公司挽回了一台濒临废弃的设备，还恢复了其产能，创造直接经济效益约30万元。祁峰带领创新工作室利用这一仗成功地打出了名声，让大家见识到了他们的智慧。

之后的日子，作为创新工作室的带头人，祁峰带领团队成员成功完成对公司重点项目零件刨刀刀体、凸凹端头、横梁、E型螺栓、U型螺栓等40多种锻造模具的数控加工，为企业创造经

⊙ 2013年10月，祁峰（中）在创新工作室与成员们交流时留影

⊙ 2016年7月，祁峰（前排右二）与部分工作室成员在工作室合影

济效益800多万元，获得国家实用新型专利授权6项，省部级创
新成果3项，中国中煤能源集团有限公司优秀"五小"技术创新
成果7项。

同时，在祁峰的带动下，工作室的12名成员个个不简单，
其中，代表公司、张家口市参加市级以上技能大赛20人次，有8
人获得名次，特准晋升职业资格，1人荣获"全国技术能手"称
号，2人被评为"河北省突出贡献技师"，3人荣获"河北省技
术能手"称号，4人荣获"河北省青年岗位能手"称号。数控加
工创新工作室先后被命名为国家级技能大师工作室、中煤集团
首批基层创新工作室、煤炭行业技能大师工作室、河北省技能
大师创新工作室、全国能源化学系统示范性劳模创新工作室，
获得河北省总工会"河北省工人先锋号"集体荣誉称号。

荣膺劳模，当选代表

2015年对祁峰来说是非比寻常的一年，这一年祁峰不仅用
自己的发明得到了单位同事们的认可，还成了全国劳动模范，
成功地让更多的人认识了他。祁峰深知，在广大的工人队伍
中，自己并不是最出色的，中国这么大，自己与最优秀、最勤

奋的劳动者是有距离的。当厂里领导告知祁峰拟推荐他为全国劳动模范时，祁峰一时间有些恍惚。

　　第一次听到"劳动模范"这个词是在2006年，祁峰被张煤机公司评为劳动模范，那时的他觉得自己只是在一些比赛中拿了奖，或许是同事们抬举，或许是领导偏爱，他并不认为自己能担得起"劳动模范"这个荣誉。时间的指针悄悄转了一圈又一圈，这几年间，祁峰已经深深领会了"劳模"这两个字蕴含的巨大的精神力量与现实动力。祁峰非常重视与同事们的交流，他总是以谦卑的态度与同事们探讨工作，他明白，越是有"光环"在身，越要注意待人接物的态度与影响。在与同事们的交流中，祁峰也有许多收获。让他有些不好意思的是，每次研讨结束后，同事们都会附带一句："祁师傅不愧是咱公司的劳模呀，讲话鞭辟入里，技术也过硬，不愧是我们的榜样。"每每听到此处，祁峰都笑着摆手说："大家都是同事，这么客气就见外了。"十年时间，足以让一棵小树成长为能遮风挡雨的大树；十年时间，足以让一名青年成长为成熟稳重的老师傅；十年时间，足以让一名车床技师成长为全公司的技术骨干。在这十年里，祁峰也许自己并未察觉，但生活那缓慢又坚定的力量早已润物细无声地将劳模精神深深烙印在他心中。这份精神通过众人的肯定，在日复一日的辛勤工作中，内化于心，外化于行。

看着有些惊愕的祁峰，领导说："怎么了祁师傅，你不会是不愿意吧？"祁峰回过神来，一时间觉得肯定与否定的答案似乎都不合适，他说："领导，我十年前就已经是咱们公司的劳模了，我觉得这种荣誉还是让给其他师傅吧，我还是太年轻了。"领导说："俗话说'有志不在年高，无志空长百岁'，这评选全国劳模可绝对不是什么倚老卖老、论资排辈的事情，你不要有负担。十年前，你就已经成了咱们公司的劳模，如果这十年你松散了、懈怠了，或是躺在功劳簿上吃老本了，厂里怎么可能推荐你？这十年，其实就是公司考察你的过程，你完全符合推荐条件，这事儿就这么定了。"祁峰连忙说："领导，这会不会有点儿草率？"领导听后，露出一抹微笑，他说："祁师傅，千万不要以为推荐你是厂领导心血来潮做下的决定。我们早就做过调查，无论是职业技能、创新能力还是群众基础，你都是咱们厂数一数二的人物。"祁峰还想再说，领导却摆了摆手说："你也不要高兴得太早，最后能不能选上还不一定呢，全国劳模的评选是庄重、严格又谨慎的，厂里推荐你只是第一步，后面还有初审、复审和公示，最后要经过中华全国总工会的审查和审批才能见分晓。"祁峰恍然大悟，原来有这么多严格的程序，他的心理压力小了一点儿，他说："领导，既然这是厂里的决定，我一定配合，若是没有选上，我会加倍努力，若是选上了，那就证明我没有辜负厂里的培养和期望！"

与领导谈完话后，祁峰卸去了一身的包袱，工作起来更加从容，看待问题、解决问题的思路也变得更加开阔。他曾经和妻子白晓霞提到这件事儿，妻子说："希望你这次能够顺利评上，也不枉你辛苦工作这么多年。"祁峰说："我知道你心疼我，但我工作也不是为了取得荣誉，我就是干一行爱一行。假使能够获奖，那说明国家认可我的工作；若没选上，我也不会气馁，人不是为了荣誉活着，能从事自己喜欢的职业本身就很快乐。"

2015年4月17日，国家公布了全国劳动模范和先进工作者拟表彰人选公示名单，祁峰的名字赫然在列，周围的人都在第一时间赶来祝贺他，他的脸上也浮现了热烈的笑容。

2015年4月28日，庆祝"五一"国际劳动节暨表彰全国劳动模范和先进工作者大会在北京人民大会堂隆重举行。祁峰怀着激动的心情迈入会场，虽端坐在台下，但是他能感觉到自己的四肢在微微颤抖。这是他第一次来人民大会堂，第一次见到这么多优秀的人才，他想与他们交流、探讨，分享多年工作的心得体会，听大家讲各行各业的故事，与大家一起展望祖国未来的美好前景。上午10时许，大会开始，与会人员开始齐唱国歌，这让祁峰稍稍平静的心再次激荡起来，祁峰心想："祖国呀祖国，和你这么多年的艰难困苦相比，我自己工作上的困难又算得了什么呢？只有努力工作，不断攻坚克难，祖国才会越来越强大和富足！"国歌奏毕，习近平总书记发表了重要讲话，他强调："我们所处的时代是催人奋进的伟大时代，我们进行的事业是前无古人的伟大事业，我们正在从事的中国特色社会主义事业是全体人民的共同事业。全面建成小康社会，进而建成富强民主文明和谐的社会主义现代化国家，根本上靠劳动、靠劳动者创造。因此，无论时代条件如何变化，我们始终都要崇尚劳动、尊重劳动者，始终重视发挥工人阶级和广大劳动群众的主力军作用。这就是我们今天纪念'五一'国际劳动节的重大意义。"

祁峰认真地听了大会内容，笔记本上密密麻麻地写满了会议记录。颁奖时，祁峰的右手被领导人紧紧握住，那一刻，祁峰感受到了前所未有的信心与力量。

在一阵经久不衰的掌声中，表彰大会圆满结束。退场时，有一位摄影师问祁峰要不要拍张照片，祁峰这才想起来自己还没有拍照留念，他欣然同意。摄影师带祁峰来到了会场的过道，祁峰挺直腰板，双手自然垂落，面带微笑。只听咔的一声，祁峰潇洒的样子便与周围的红色布景融为一体，一同闪耀

⊙ 2015年4月28日，祁峰在北京人民大会堂参加2015年庆祝"五一"
国际劳动节暨表彰全国劳动模范和先进工作者大会时留影

着劳动者的光芒。

2017年11月，祁峰接到通知，他光荣地当选为河北省第十三届人大代表。祁峰在成为党代表时感受到的是坚定的理想信念，是庄严又神圣的使命感；而成为人大代表时，他感受到的是一份沉甸甸的责任感，是基于工人身份的、代表工人利益的光荣的担子。祁峰对自己的要求是：每一次参会、发言，都要立足本职，说出职工所想所盼，讲出职工心声。2018年，祁峰提出了《关于切实提高产业工人待遇的建议》，建议从工资到医疗、社会福利等多方面提高职工待遇，提升职工社会地位。

在《关于加快推进国有企业职工家属区"三供一业"的建议》中，祁峰提出国有企业在分离移交工作中应将原"三供一业"岗位的工作人员转岗到其他适合的工作岗位，确保不因分离移交工作导致职工下岗失业，使职工在改革过程中工作得安心、放心，这一建议是站在广大职工和劳动者的角度经过深思熟虑而酝酿出来的。

2019年，在闭会期间，祁峰提出了《关于恳请省政府解决部分特殊工种提前退休的建议》，他将全省从事特殊工种职工的烦心事儿向政府相关部门进行了反映，相关部门的回复很迅速、及时，有效解决了职工们的后顾之忧。

⊙ 2018年4月，祁峰在石家庄列席中国共产党河北省第九届委员会第
　　七次全体会议时留影

2020年，祁峰又针对校企合作进行了调研，在河北省两会期间提出了《关于加强职业教育校企合作的建议》。祁峰深知，在目前的技术问题上，高校走得要比企业快。在互联网时代，许多技术的更新换代是非常迅速的，只有和高校合作，企业才能更准确地把握住时代的脉搏，才能不被时代浪潮甩在身后。

当选人大代表以来，祁峰共提出建议16项，参加各类会议40余次，真正履行了人大代表的职责。

第五章　栉风沐雨，薪火相传

扫码解锁

◎群英颂歌◎责任担当
◎磨砺技术◎奋斗底色

无私传艺，做好师傅

身为厂里的劳动模范，又多次在技能竞赛中获奖，祁峰深知自己的成功离不开厂里各位师傅的悉心指导和言传身教。在取得诸多荣誉后，祁峰并没有居功自傲，也没有眼高于顶，他仍然耐心帮助同事，对师傅们愈发尊敬。祁峰知道如果没有师傅们的指导和帮助，如果没有同事们的鼓励，就没有现在的自己。

时光荏苒，转眼间祁峰也要开始带厂里的新人了。祁峰懂得，新时代的工人不是旧时代的匠人，不应该有所谓的"门户之见"和利己私心，于是他决定毫无保留地将自己的一身本领教给其他人。身为高级技师，祁峰认为自己有责任做好"传帮带"工作，为单位多培养一些人才。多年来，他在工作之余带了许多徒弟，徒弟们在祁峰的耐心指导下也取得了丰硕的成果。

杜文彬回忆起自己刚来工厂的日子，那时他还是个什么都不懂的年轻人。第一天到厂里，杜文彬就立刻拎起保温杯去给师傅打水。祁峰看见他风风火火的身影赶忙拦住他，问他做什么去。杜文彬说："师傅，我来之前我爸跟我谈过话，说让我勤快点儿，多帮师傅干点儿力所能及的小活儿，不然师傅不教给我真手艺。"祁峰有些哭笑不得，看来外面的人对厂里的风气和习惯还是不太了解。他耐心地和杜文彬讲："师傅可不是批评你，在咱们厂里，你不用给任何人打水，你的任务就是在我加工的时候在旁边观察和学习，有不会的操作手法你就问我，我带你是以学东西为主，懂了吗？"杜文彬点了点头说："谢谢师傅，我回去就和我爸说，让他知道咱们厂的师傅都这么好。"

俗话说，师傅领进门，修行在个人。祁峰并不完全认可这句话，他认为，只要师傅教得好，督促到位，即便徒弟资质平平，也能成为出色的工人。抱着这样的心态，祁峰仔细思考了一套教学方法。传统的授课方法是多看，要求徒弟将师傅的操作手法和过程反复揣摩后再上手操作。但祁峰坚持"眼过千遍不如手过一遍"的观念，他很早就要求杜文彬进行实践操作。杜文彬问："师傅，我要是做错了怎么办？"祁峰说："你不知道神枪手都是子弹喂出来的吗？你看我操作的次数再多，自己上手的时候也会发现是另一个样子。因此你越早独立操作，就能越早对机械和零件有更全面和深刻的理解。"杜文彬感激地看了看师傅说："那我听您的。"当然，祁峰也不是盲目地让徒弟实操，在杜文彬上手前，祁峰早已将理论与实践结合起来教学，亲自在车床上演示，让徒弟看清楚自己工作的每一个细节。祁峰看着杜文彬，仿佛看到了当初那个一腔热血却又有点儿迷茫的自己。祁峰还强调："第一要保证安全，第二要保证精确度，第三心态要稳，千万不能着急，不能马虎。我们做的是精细活儿，一定要张飞穿针——粗中有细。"杜文彬一开始学得有些吃力，祁峰知道，天下没有笨的人，只是他的反应比别人稍慢了一些，假以时日，他一定能成为优秀的工人。在祁峰的鼓励下，杜文彬逐渐克服了自身的不足，立下了要从一众工人中脱颖而出的志向。

祁峰自己崭露头角就是因为参加比赛，所以他深知参加比赛是快速提高个人能力、向其他人证明自己的最好时机。

当杜文彬和刘宏听见师傅鼓励他们参加比赛时，两人都吃了一惊。杜文彬说："师傅，让我俩参加比赛是不是有些冒险了？我觉得自己的能力还不足以在大家面前展示呢。"刘宏说："师傅，我心里也有些打鼓，如果侥幸获得名次，那自然皆大欢喜。但如果没有获得名次，甚至在车间选拔就被淘汰，那岂不是太丢您的面子了。我们两个是年轻人，输了没什么，您名声在外，我们不敢拿您的名声做赌注。"祁峰听了这话有点儿生气，他说："你们俩不要想太多，什么我的名声，我也不过是普通工人。就算你们俩没取得成绩，这与我的名声有什么关系？你们有空儿考虑名声，不如多把时间用在准备比赛上。再说了，我是你们的师傅，对你们的水平心里有数，你们俩就放心大胆地去参赛，有师傅给你们俩做后盾。"听了师傅真心实意的鼓励，杜文彬和刘宏顿时觉得信心倍增，他们纷纷表示，自己一定努力准备。

在祁峰的带动下，杜文彬、刘宏开始了紧锣密鼓的备战。两人是同门，又是极好的朋友，便一起准备比赛。祁峰每天下班后都会多留出一个半小时指导二人。在理论方面，祁峰给他们俩列出一份简短的书单和一份精准筛选的题库；在实操方面，祁峰告诉二人，比赛不像平时工作，平时工作累了还可以稍稍放慢速度，比赛是有时间限制的，既要追求质量，又要追求速度。果然不出祁峰预料，杜文彬和刘宏两个人在预选中胜出，将代表车间参加全公司的决赛。

祁峰知道两个人压力大，他在决赛前一天晚上找到两个人，问："怎么样，心里有谱没？"刘宏说："师傅，我现在感觉自己状态很好，明天我争取拿前三名。"杜文彬说："师傅，我感觉我们进入决赛已经是奇迹了，这次比赛我们还胜了好几位工龄比我们俩长的同事，我们俩现在都很有信心！"祁峰看着他们俩真诚的眼睛，知道他们嘴上说有信心，其实脑袋里弦儿一直紧绷着。祁峰有意开导二人，便说："我今天来可不是为了督战，我知道你们一路披荆斩棘很不容易，越是到了决赛，越要沉得住气。"杜文彬说："师傅，你是怕我们心急，在操作的时候做不好吗？"祁峰说："并不是，我是想告诉你们，操作的时候不要只盯着时间，一定要记住安全操作的原则。我是你们的师傅，当然希望你们能拿名次，但我更希望你们安全完赛，千万不要为了名次不顾安全。"杜文彬和刘宏听到这里，眼睛不由得湿润了，两个人一起保证，会安安全全地拿名次。

最终，杜文彬和刘宏在公司第三届职工职业技能运动会中分别取得车工第二名和第三名的成绩，获得技师和高级工资格证书。杜文彬和刘宏说："这份荣誉不仅属于我们自己，还属于祁峰师傅！"

2020年，杜文彬参加了张家口市职工职业技能大赛，取得了数控车工比赛第二名的好成绩。

技师协会成立之后，祁峰积极地在其中发挥技术指导及推进作用，多次参与公司职工技能比武的命题评审工作。2012年，祁峰被公司人力资源部聘任为员工技能培训教练，在2012

年张家口市职业教育系统技能大赛中他还被大赛主办方聘请为车工裁判。

2013年8月，第九届"振兴杯"全国青年职业技能大赛委员会与祁峰取得联系，想邀请祁峰担任河北省车工工种预赛的技术指导。祁峰欣然同意，他感慨，自己在"振兴杯"披荆斩棘时，大赛刚举办到第三届，如今他竟成了第九届大赛的技术指导，可真是时间飞逝啊。这几年里，祁峰从一名初出茅庐的年轻工人转变成了一位熟练的、有丰富经验的技师，当年和他一起参加比赛的同事，有的成了和他一样优秀的工人，有的转行去了别的单位，还有的已经当上了领导。时间的指针走了一圈又一圈，如今祁峰重新回到赛场，已然换了一个全新的身份。面对指导任务，祁峰没有懈怠，他依旧从理论和实操两方面来指导学员，有的学员说："看祁峰老师在画理论重点时，感觉他不像高级技师，倒像大学教授。"祁峰说："我们当车工的按理说应该是理论和实践并重，但在平时工作时，实践更多一些，有一些人不免就轻视理论。到了比赛现场，要考理论，有些人就有些傻眼了，这时候又显得理论更重要些。我希望你们这次比赛回去后，能够真正地重视理论。你们看那些写车工教材的老师是不是很厉害，他们哪个不懂实践？"大家深表赞同。

在祁峰的指导下，王志伟、贾丽刚、蒋东伟三位来自张家口的青年职工刻苦学习，最终取得比赛的第五、第六和第八名。祁峰有时也会被问到，究竟怎么教学才能让学员拿到好名次。祁峰说："做老师最宝贵的品质就是有耐心，只有耐心教学，与学生将心比心，学生才会将知识真正学进去，才会出成绩。这个过程对老师的脾气、心性与技术，都是一种难得的磨炼。"

诲人不倦，网络讲学

2020年，祁峰有了一个较长的假期，可以在家中休息。但是祁峰已经习惯了自己往日工作和学习的节奏，他思来想去，觉得不能虚度时光。于是，在单位的倡导下，祁峰开始利用网络进行远程教学。

祁峰一开始并不熟悉计算机的使用，他只会操作与工作相关的软件，至于怎么直播、如何录制回放、怎样与他人连线等一系列问题都像是一道道关隘等着他去突破。祁峰不是一个轻言放弃的人，他想，万事开头难，只要学会了软件的使用，剩下的事儿就和在单位里讲课区别不大了。妻子也说："工作上的难关是一时的，你努力学习就能克服，这么多年你不是一直都在学习，一直都在进步嘛，网络直播和远程学习也不是多新鲜的玩意儿，你是高级技术工人，这会比操作数控机床难吗？这会比发明创造难吗？根本不会，所以你首先要放松，别给自己太大压力。再说了，不是还有儿子嘛，他可以教你。"祁峰问儿子："儿子，你觉得以爸爸的聪明才智，多长时间可以学会网络直播呢？"儿子虽然年纪不大，可新时代的年轻人对网络的熟悉程度可不是70后、80后能比的。儿子卖了个关子说："那可说不准，说难也难，说容易也容易，得看你想学到什么程度。"祁峰说："不用学太复杂的东西，会开直播、关直播就行。"儿子说："行，这个简单。"就这样祁峰在"小祁老师"的指导下，用了两天时间学会了直播。刚开始直播的那几天，祁峰一直不让儿子离开自己的视线范围，因为电脑时常会出现没声音、没画面的情况，这时候就需要儿子这个"拐棍"发挥作用。经过一周的磨合，祁峰终于学会了网络直播。周末的时候，妻子做了一顿大餐，她对二人说："现在咱们家出了一位高明的老师，又教出一位'网红'老师，这可真是咱们家的大事儿，得吃顿好的庆祝一下！"祁峰和儿子连连称是。

2020年2月22日19点30分，祁峰面对电脑，通过技能强国——全国产业工人技能学习平台进行网络直播，以《浅谈普通车床加工螺纹的方法》为题向全国各行业职工分享了自己总结多年的车床加工方法和加工经验。分享持续了近100分钟，通过这种方式，祁峰给职工们传递了一名技术工人的加工方法和经验，传播了正能量。

通过网络直播，祁峰也有许多收获。平时在车间讲解操作时，可以以车床为教学工具，进行细致讲解，但是家里没有车床，更没有一系列零件和设备，祁峰只能用语言描述，这大大锻炼了他的表达能力，也提升了他对知识掌握的熟练程度。在直播教学中，祁峰也结识了许多同行，有许多人在课后加他的联系方式，有和他交流工作的，有询问课程安排的，还有向他表达感激之情的。祁峰印象最深的是一名年轻工人，在他第一次直播后，这个年轻人加了他的联系方式。他说："祁峰老师，我上学的时候学习成绩不好，从技校毕业之后想到自己一生只能与机器为伍，就对未来很悲观。但看了您的直播后我突然明白，原来做技术工人也能实现自己的人生价值，原来还有您这样技术精湛、诲人不倦的劳动模范，您让我开始热爱自己的职业了，真的很感谢您！"祁峰说："很高兴你能喜欢我的直播，我想说，我进入这行一开始做得也并不出色，但我们要有干一行爱一行的精神，要有做大国工匠的追求。我们付出了努力和汗水，车间的机器会为我们喝彩，手中的零件会为我们鼓掌。潜心学习，努力工作，我相信你会成为自己期待成为的人！"

网络世界让祁峰见识了多样的世界和更多样的人，祁峰表示，网络讲学能更大限度地发挥自己的价值，自己一定会坚持，做出更多的精品课、示范课。

第六章　大家眼中的祁峰

扫码解锁

◎群英颂歌 ◎责任担当
◎磨砺技术 ◎奋斗底色

妻子与儿子眼中的祁峰

现如今，祁峰身上已经有了许多荣誉和光环，他知道光靠自己的努力并不能取得这样的成就。有人问他这么多年来最感谢的人是谁，祁峰说："我很感谢妻子这么多年来操持家务、教育孩子和鼓励我。"谈到家人，祁峰总是满眼的欢笑和幸福。

妻子白晓霞说："我认识祁峰这么多年，他最大的特点就是认真，年轻的时候干起活儿来不眠不休。刚结婚的时候，我们家庭条件困难，当时我有个同学，说他那儿有份做塑料窗的工作，可以介绍祁峰去。我就和祁峰提了一嘴，没想到他后来真的去做了，一干就是两年。有些时候我真是心疼他，那么年轻，那么钻研、努力。他这个人吧，你说他聪明呢，他自己总是否认，但是谁都知道，他绝对不笨。也许可以说，他的努力有点儿遮盖住了他的天赋。在我们家，我主内、他主外。他不是不想管家里的事儿，实在是忙不过来，又要讲学，又要摆弄车床，还要出差。多年前我们俩就有分工，家里的事儿我负责，他专心钻研技术。至于教育孩子嘛，我们家是言传和身教相结合。孩子的学习我负责督促，犯了错我会去教育，祁峰更多的是以身作则。记得有一次孩子背古文，背到晚上九点半还没背完。儿子想要第二天早上起来再背，准备回屋的时候他看见了他爸爸，那时祁峰还在钻研数控机床技术，在读书。看到爸爸还在努力学习，儿子也不声不响地接着背书，最后爷儿俩完成任务，一块儿去睡觉了。"

祁帅良对父亲的评价也很高，他说："我很了解我爸，他勤勤恳恳，有点儿像课本里讲的那些先进人物。我从来不主动麻烦他，但每当别人问起我爸是干什么的，我会骄傲地说我爸是一名优秀的技术工人。在学校里老师曾经给我们放过《大国工匠》的纪录片，放映前老师还特意强调：'大国工匠是在引领力、实践力、创新力、攻关力、传承力方面显现明显发展潜力的工匠，咱们班祁帅良同学的父亲就是技术高超的工人，同时还是劳动模范。如果大家对工匠精神有什么想法，可以多和祁帅良同学交流。'当时班里的同学齐刷刷看向我，我感受到了我爸在大家心里是个非常值得尊敬的人。"

⊙ 2010年12月，祁峰一家三口合影

同事眼中的祁峰

家庭和工作是人生活的两大中心，多年来祁峰是出了家门进单位门，出了单位门进家门。在单位里，祁峰的人缘非常好，这得益于他向来对工作负责、对同事友善。祁峰的人缘好是以技术为基础、以人品为台阶的。

祁峰的师傅邸师傅说："多少年前，祁峰第一次站在车床前的时候，我打眼一看，就知道这孩子不简单。他很内敛，话不多，也很有礼貌，很周到。这都多少年了，他每次见我还是客客气气地说一句'师傅好'。他从来不迟到早退。当学徒那会儿，每次下班后他都多留一会儿，不是拉着我问问题，就是给我看他做的零件，问我哪里需要注意，什么是关键的地方等。我是真心觉得这个徒弟有天赋，他今天取得的成绩和他自己的奋斗分不开。现在他自己带徒弟也尽心尽力，我从来没听见谁抱怨他，他带出来的徒弟个个优秀，依我看，他不但会当徒弟，更会当师傅。这可不是说着玩的，有些师傅，自己技术炉火纯青，但是让他们给别人上课，总是词不达意，这方面祁峰就很厉害了。"

　　杜文彬说："谈起我师傅，谁能比他更厉害呢？拜他为师之前，我心里可忐忑了，我想，万一师傅觉得我笨怎么办，万一师傅骂我怎么办，但是见到师傅之后，一切疑问、恐惧和犹豫都烟消云散了。师傅是个很有耐心的人，他一遍一遍地强调安全工作的重要性，要求我们一定保护好自己的安全。师傅还是个非常真诚的人，他毫无保留地把自己的工作经验掰开了、揉碎了告诉我们。而且他一点儿偏见都没有，有许多人慕名来找他请教，他从来不挑剔，只要自己有时间，都会仔细地讲解问题。最令我印象深刻的还是我第一次参加比赛的时候，师傅宽严相济地指导我们。在讲理论的时候师傅特别温柔，把抽象的理论简化、具体地教给我们，实在有难的地方，他就放下书去车床上演示给我们看；在实操的时候，他又板起脸，在每一处可能出现危险的地方反复强调，还给我们讲之前的同事因为操作不当而受伤的事让我们引以为戒，我能感受到师傅的良苦用心。尤其是比赛前的那次谈话，我一直记到现在，原以为师傅这么优秀的人会对名次特别看重，没想到他最担心的不是我们失败，而是我们受伤。每次我想起这件事，都能体会到'一日为师，终身为父'这话的重量。"

　　祁峰在工作岗位上坚守多年，在同事眼中，他恪尽职守，没有一丝一毫的懈怠；在家人眼中，他是整个家庭的骄傲。他在逆境时不怨天尤人，在顺境时不骄傲自满，是妻子眼中的好丈夫，是儿子眼中的好父亲。一个人的声名不是自吹自擂出来的，而是经过长时间的奋斗，在众人发自内心的赞赏中形成的，其中包含了工作的辛劳、钻研的孤独、漫长的坚守。多年如一日的艰辛和坚守，成就了这样一位全国劳模。

也许祁峰在第一天进入技校时，没有想过自己能如此熟练地操作数控机床；也许祁峰在第一天进入张煤机公司时，没有想过自己会拿全国大奖；也许祁峰无数次在机床前徘徊时，没有想过自己未来会有那么多发明与创新；也许祁峰在第一次见到白晓霞时，没有想过自己见到的竟是半生的后盾与倚靠。但是，时间证明了一切，祁峰的精神、坚韧与汗水无处不在，在被翻得泛黄的书本上，在机器的轰鸣声里，就像蒲公英一样，劳模精神会随风飘进千家万户，留在岁岁年年。